VOS RÊVES
ET LEUR SIGNIFICATION

Comment vous souvenir d'un rêve,
reconnaître les détails importants
et interpréter les messages de votre sommeil

Susy Nelson

VOS RÊVES ET LEUR SIGNIFICATION

Comment vous souvenir d'un rêve
reconnaître les détails importants
et interpréter les messages de votre sommeil

DE VECCHI POCHE
20, rue de la Trémoille
75008 PARIS

Traduction de Catherine Bodin

Imprimé en Espagne

Préface

De tout temps, l'homme s'est penché sur ses rêves et a essayé d'en percer les mystères.

Les rêves reflètent des aspects à la fois concrets et spirituels de notre vie quotidienne: nos souvenirs, les faits qui nous ont marqués pendant la journée, nos espoirs, nos joies et nos peines, nos craintes et nos angoisses sont autant d'éléments qui composent nos rêves. Il est intéressant de remarquer que le rêve est atemporel. Passé, présent et futur se côtoient comme par magie dans des situations que l'imagination la plus fertile ne parviendrait pas à concevoir. D'ailleurs, on qualifie souvent de "rêve" les choses qui nous semblent mystérieuses, insolites, presque magiques.

Les rêves peuvent transformer nos émotions de la journée en images associatives, faire surgir en nous de vieux souvenirs qui remontent parfois à l'enfance, annoncer des malheurs, mais aussi des événements heureux inespérés. De nombreux ouvrages ont déjà été consacrés au rêve, mais c'est un sujet inépuisable qui est toujours d'actualité et mérite une analyse en profondeur. C pourquoi je me suis moi aussi intéressée à ces mystérieuses et passionnantes manifestations de l'inconscient, en me référant aux symboles oniriques traditionnels.

Les quelques pages d'introduction qui suivent aideront le lecteur à "interpréter" correctement les rêves. Bonne lecture et faites de beaux rêves!

Susy Nelson

L'interprétation des rêves: une pratique très ancienne

L'homme a toujours rêvé en dormant. Certes, les rêves de l'homme primitif devaient être assez élémentaires et refléter des schémas collectifs liés aux principaux problèmes de la vie à cette époque: la survie, la recherche de nourriture, l'intégrité physique. Si l'on songe que l'on passe plus d'un tiers de notre vie à dormir, on comprend quelle peut être l'importance des messages oniriques.

Des études ont montré que même les animaux rêvaient. Amusez-vous à regarder un chien lorsqu'il dort profondément: il remue inconsciemment les pattes, bat des paupières, s'agite; ces signes indiquent manifestement qu'il est en train de rêver. Pendant les rêves, notre imagination se libère ou plus exactement se défoule, car elle n'est plus prisonnière des contraintes et de la maîtrise de soi que nous impose notre éducation à la vie en société. C'est la raison pour laquelle, depuis toujours, les événements qui "se produisent" en rêve nous révèlent des messages authentiques provenant de notre moi profond; ceux-ci exercent sur nous une fascination indéniable. Les Anciens attribuaient aux rêves une signification magique: ils étaient convaincus qu'ils étaient l'œuvre des dieux, à travers laquelle ceux-ci se chargeaient avec bienveillance de mettre en garde, prédire le futur et aider le dormeur qu'ils avaient élu. L'interprétation des rêves commenc à se concrétiser avec les Grecs Antiphon et Aristandre, mais il fallut attendre Artémidore d'Éphèse (IIe siècle av. J.-C.) pour que cela devienne une véritable discipline. S'inspirant des prophéties faites par les devins sur les places et les marchés et de sa propre expérience, Artémidore écrivit de nombreux traités sur le rêve. Il fut également le premier à parler de "symboles". Ses écrits et ses interprétations ont donc été étudiés très attentivement par tous ceux qui, au cours des siècles suivants, se sont intéressés à la signification des images oniriques.

Comment se souvenir d'un rêve?

Il est difficile de se souvenir parfaitement d'un rêve; très souvent, il arrive même que l'on se réveille en pensant que l'on n'a pas rêvé du tout. En réalité, tout le monde rêve et si ce n'était pas le cas, nous serions affectés par de graves troubles psychiques; la nature nous fournit cette soupape de sécurité qu'est le rêve pour que nous puissions conserver un certain équilibre psychophysique pendant l'état de veille. Souvent, on se réveille en sursaut au milieu de la nuit à la suite d'un cauchemar ou d'un rêve qui paraît tellement réel que l'on a la sensation d'avoir véritablement vécu la situation onirique. Il y a des périodes où l'on voit certains événements en rêve avec une grande clarté, parfois même de façon répétée. L'une des meilleures méthodes pour se souvenir d'un rêve de ce type, afin de pouvoir ensuite l'interpréter, consiste à garder à portée de la main une feuille de papier et un stylo. Au réveil, qu'il se produise au milieu de la nuit ou le matin, vous noterez avec précision tous les détails de ce rêve, y compris les sensations éprouvées (peur, joie, etc.). Cela vous permettra plus tard d'interpréter dans les moindres détails le message contenu dans le rêve. Ne vous fiez pas trop à votre mémoire qui peut vous jouer de mauvais tours! Le rêve est en effet une évocation nocturne de l'inconscient et lorsque l'on reprend pleinement conscience, peu de temps après s'être éveillé, le souvenir tend à s'effacer.

Si vous prenez l'habitude de noter vos rêves, cela finira par devenir une opération mécanique et vous en ressentirez même le besoin afin de pouvoir correctement les interpréter. Après tout, nous prenons bien note de nos occupations journalières! Les occupations nocturnes, c'est-à-dire les rêves, sont tout aussi urgentes et importantes!

Comment l'interprète doit-il se comporter?

Le rêve est une invention de l'esprit revêtant de multiples aspects, qui évoquent des événements heureux ou malheureux concernant le présent ou le futur. Toutefois, des sensations liées au passé sont très souvent éprouvées dans les rêves. Savoir découvrir ce que le rêve signifie relève de la compétence de l'interprète. On peut soutenir que notre inconscient nous annonce des événements qui vont nous arriver. C'est pourquoi une bonne interprétation du rêve peut nous permettre d'éviter un danger imminent ou au contraire de favoriser la chance. Il suffit pour cela de prêter une grande attention au message apparemment irrationnel que nous délivre le rêve. Il est absolument indispensable si l'on veut obtenir la rép la plus objective possible de tenir compte du niveau culturel du sujet qui rêve; que ce soit pour interpréter ses propres rêves ou ceux d'une autre personne. Plus une personne est instruite, plus le symbolisme de ses rêves sera complexe; les enfants et les personnes incultes font des rêves plus simples qu'il est inutile d'analyser en cherchant des complications.

Prenons un exemple: un enfant qui désire de tout son cœur un jouet particulier rêvera qu'il le possède pendant la nuit; un homme cultivé qui aspire au succès rêvera qu'il a des ailes et qu'il vole. De même, une ménagère frustrée, mais cultivée, rêvera qu'elle porte des chaussures trop étroites.

À quels détails faut-il accorder de l'importance?

Il est important également de connaître l'état d'âme du dormeur pendant qu'il rêvait, de savoir s'il s'est senti soulagé, heureux, angoissé, effrayé, etc. Cela indique son attitude spirituelle face aux événements qu'il doit ou devra affronter et permet d'évaluer son caractère dans la vie quotidienne. Bien entendu, personne ne peut déborder de joie "en vivant" un cauchemar dans son sommeil. On peut cependant se sentir plus ou moins effrayé ou résigné.

De nombreux rêves se présentent, à première vue, comme des écheveaux embrouillés impossibles à démêler. Lorsque le rêve paraît confus et que l'on ne parvient pas à le déchiffrer en partant du début, il faut essayer de commencer par la fin; le message onirique deviendra probablement beaucoup plus facile à comprendre. La plupart des rêves sont en effet composés d'éléments disparates qui s'enchaînent sans logique pour en compliquer, semble-t-il, l'interprétation, comme si le dormeur redoutait d'apprendre le message contenu dans son rêve. Il faut également penser à analyser tous les détails en apparence insignifiants (un certain arbre devant une maison, des objets empilés, etc.), car ils peuvent déterminer la clef du rêve.

Très souvent, on rêve en couleurs, ou bien une partie du rêve est en couleurs et l'autre en noir et blanc. La couleur est très importante, car elle met en évidence tout ce que notre moi profond veut que l'on prenne en considération.

C'est ensuite à l'interprète, en s'aidant de notre dictionnaire des symboles oniriques, d'analyser le message de façon judicieuse et d'en déduire ce qu'il signifie. L'expérience, comme dans tous les domaines, vous permettra de faire des progrès extraordinaires.

Les différents types de comportement du rêveur

Lorsqu'il rêve, le dormeur peut être un simple spectateur, ou bien encore accomplir des actions ou les subir. Le même sujet, à diverses périodes de sa vie, peut tour à tour rêver qu'il est acteur, spectateur ou victime.

Les différentes situations oniriques correspondent à l'état d'âme du dormeur au moment où il rêve et indiquent ses craintes et ses espoirs sous la forme d'images symboliques. À partir de cet ensemble d'images, on peut tirer, si l'on est perspicace, des prédictions ou des mises en garde véridiques, qui sont suggérées par l'inconscie du dormeur (dans le rêve, en effet, la partie la plus instinctive de notre personnalité se manifeste pour contrebalancer la rationalité dont nous faisons preuve dans la vie quotidienne). En général, lorsque le sujet est l'acteur de ses rêves, c'est qu'il traverse une période d'optimisme et qu'il est en pleine forme; quand il est spectateur, il vit une période plate, ce qui l'amène à compenser son ennui en assistant à des événements en rêve; lorsqu'il est la victime du rêve, il traverse une période de déprime et ses préoccupations sont nombreuses.

Ce sont là des orientations générales; il est ensuite nécessaire d'étudier distinctement les différents éléments du rêve, parce que ce sont eux qui permettent de donner un sens au message. Les actions de manger, boire, pleurer, apparaissent dans des rêves où le dormeur est acteur, tandis que le fait d'être battu, ridiculisé, grondé ou torturé indique que le sujet est victime dans ses rêves.

Les rêves communs à tous ou les archétypes collectifs

Se sauver, tomber, devoir escalader une montagne, perdre ses dents ou se trouver brusquement à moitié nu en public se produisent dans des rêves que tout le monde a fait, au moins une fois dans sa vie. Comment est-il possible que tous les hommes de cette terre, sans distinction de race ou de culture, puissent rêver les mêmes choses? L'explication est simple: les hommes de chaque pays ont une origine commune, l'homme primitif. Ces rêves représentent donc des archétypes collectifs, précisément parce qu'ils reproduisent, ou plus exactement évoquent, les peurs primitives des premiers habitants humains de la terre. L'homme primitif devait se sauver parce qu'il était fréquemment poursuivi par des bêtes féroces; il avait peur de tomber des arbres sur lesquels il dormait; il devait escalader des montagnes pour trouver sa nourriture; s'il perdait ses dents (et ne pouvait donc plus mâcher la viande dont il se nourrissait), la mort l'attendait; s'il n'avait pas de peaux de bête pour protéger son corps des rigueurs du climat, il était destiné à mourir de froid. Lorsque nous traversons une période difficile (aussi bien sur le plan matériel que spirituel), notre moi profond fait resurgir en nous ces peurs ancestrales durant notre sommeil, de façon symbolique. Les traditions populaires du monde entier s'accordent à attribuer à ce type de rêves une signification négative, mais ils peuvent également contenir des avertissements utiles pour résoudre les problèmes qui se posent au dormeur au moment où il rêve. Depuis notre enfance, lorsque l'on raconte que l'on a rêvé la perte de ses dents, on s'entend systématiquement répondre "mauvais signe", sans autre explication. Vous trouverez une interprétation plus complète de ce rêve dans notre dictionnaire des symboles oniriques.

Importance du lieu où se déroule le rêve

Lorsque l'on s'apprête à interpréter un rêve, il faut examiner avec attention le cadre dans lequel il s'est déroulé, car c'est un facteur capital pour déduire, en donnant un sens au message onirique, des présages dignes de foi. C'est même le premier élément du rêve qu'il prendre en considération, avant de passer à l'analyse détaillée du rêve proprement dit. Il faut savoir que le lieu où l'"événement" onirique vécu par le dormeur se déroule n'est pas choisi au hasard par son inconscient; il reflète en général l'état d'âme du sujet dans la vie réelle, ou plus exactement l'attitude qu'il adopte au moment du rêve vis-à-vis de l'existence. L'intérieur d'une maison, par exemple, (cossue, misérable ou abandonnée) peut symboliser une période d'idées fécondes, mais aussi un moment de grande détresse spirituelle. Un lieu public très fréquenté peut indiquer une aspiration à la réussite sociale, si le sujet participe à l'action collective, ou représenter la solitude et l'amertume s'il n'est là qu'en tant que spectateur. Une rue étroite signifiera que le rêveur traverse une période difficile, etc.

Naturellement, il est nécessaire d'analyser le lieu du rêve en le rattachant aux autres détails pour que l'interprétation onirique ne soit pas faussée. En effet, un détail à première vue insignifiant peut annuler un présage funeste ou favorable. Nous ne saurions donc trop vous recommander de noter soigneusement sur une feuille de papier les significations des différents éléments oniriques, en partant du lieu où se déroule le rêve, et ce afin de n'oublier aucun détail. L'interprète se chargera ensuite de trouver un lien logique entre tous ces éléments pour pouvoir déchiffrer le message contenu dans le rêve qui, presque toujours, se révèle de façon surréelle, par des images associatives.

Les rêves répétés et les cauchemars

Faire le même rêve à intervalles plus ou moins réguliers est une expérience que nous avons tous vécue (et qui n'a donc rien d'inquiétant). Un rêve répété est comme une phrase soulignée: c'est un message que notre moi profond veut que l'on prenne en considération. Tant que vous n'aurez pas analysé ce rêve de façon approfondie, il se répétera, comme pour invoquer votre attention.

Il peut s'agir d'un rêve se déroulant dans une atmosphère sereine, tout comme – et c'est le cas le plus fréquent – d'un véritable cauchemar. Même si, dans ce cas, nous avons spontanément tendance à vouloir l'effacer au réveil pour ne pas nous souvenir de l'angoisse vécue pendant le sommeil, nous nous efforcerons de vaincre cette impulsion et d'analyser avec attention ce mauvais rêve. Ce conseil est encore plus valable lorsque le rêve s'est déjà produit. "Un homme avisé en vaut deux", dit le proverbe; or, le cauchemar en question peut, s'il est correctement interprété, nous mettre en garde, nous permettre d'éviter un danger imminent, éclaircir une situation inconsciemment mal vécue, ou même nous annoncer que nous sommes au bord de la dépression nerveuse.

Les rêves répétés se réfèrent à notre situation présente ou future, mais pratiquement jamais à notre passé. C'est la raison pour laquelle ce message insistant du "moi" doit être pris en considération avec beaucoup de sérieux.

Les rêves prémonitoires

Même si ce n'est pas systématiquement le cas, beaucoup de rêves sont prémonitoires. Ils annoncent des événements qui arriveront non seulement au sujet qui rêve, mais aussi à des personnes qui, d'une faço d'une autre, sont en rapport avec lui. Très souvent, on ne se souvient de ce type de rêves que lorsqu'ils sont confirmés dans la réalité, c'est-à-dire *a posteriori*. Dans ce cas, le message onirique, qui aurait pu aider à prévoir la situation s'il avait été capté à temps, perd son importance prémonitoire.

Les rêves prémonitoires se réfèrent en général à des événements qui sont capitaux dans la vie de l'homme, qui marquent des "étapes" décisives de son existence. Ainsi, la naissance d'un enfant, le mariage et la mort peuvent être annoncés par un rêve. Comme nous l'avons déjà dit, le rêve se manifeste la plupart du temps de façon symbolique. Il ne faut donc pas se laisser impressionner défavorablement par des rêves apparemment négatifs, car ils symbolisent peut-être quelque chose de tout à fait positif et vice versa. Ainsi, un rêve de mort peut être le signe d'un mariage, d'une union prochaine ou d'une longue vie, tandis qu'un rêve de mariage (pour une femme mariée), à première vue positif, peut symboliser le veuvage. Dans ce cas, il sera prudent de contrôler l'état de santé de son mari.

Il ne faut toutefois pas croire que tous les rêves sont prémonitoires. Nombreux sont ceux qui constituent en fait une seconde vie dans laquelle le rêveur – surtout si sa vie est monotone – peut vivre des événements insolites et passionnants. Dans ce cas, le rêve apparaît comme un moyen de libérer une vitalité réprimée ou même des désirs sexuels inassouvis, à l'insu du rêveur. Dans le rêve, les contraintes et les tabous disparaissent: c'est l'instinct qui l'emporte. Une femme "honnête" ne doit donc pas avoir honte de faire des rêves débordants d'érotisme, de même qu'un "libertin" ne doit pas s'étonner si pendant son sommeil... il travaille! Le rêve est toujours innocent.

Nous conclurons cette introduction sur l'interprétation des rêves en vous présentant quelques-uns des rêves prémonitoires les plus célèbres. Le dictionnaire des symboles oniriques ci-après vous servira de guide dans vos interprétations.

De célèbres rêves prémonitoires

Dans la Bible, on raconte que Joseph, fils de Jacob et de Rachel, interprétait les rêves. Le pharaon d'Égypte ayant fait deux rêves consécutifs – dans le premier, sept vaches grasses étaient dévorées par sept vaches maigres; dans l'autre, sept épis de blé mûrs étaient avalés par sept épis creux – voulut que Joseph les interprétât. Les sept vaches grasses, prophétisa Joseph, correspondent à sept années d'abondance qui seront suivies par sept années de disette (les sept vaches maigres). Les épis de blé avaient la même signification. Nommé premier ministre par le pharaon, Joseph prépara des réserves de vivres en vue des sept années de disette qui succédèrent, ainsi qu'il l'avait prévu, aux sept années d'abondance.

On dit que le duc Montefeltro avait rêvé qu'il essayait de regarder son épaule droite sans y parvenir. Il perdit par la suite son œil droit au cours d'une bataille, de sorte qu'effectivement il ne put plus voir son épaule droite.

On raconte que, quelques jours avant le célèbre complot ourdi par Brutus au cours duquel Jules César f assassiné au Sénat, ce dernier avait rêvé qu'il vol haut dans le ciel, au-delà des nuages et qu'il serrait la main de Jupiter en personne. Le rêve se vérifia: voler très loin de la terre, "au-delà des nuages", est en effet un signe de mort violente, tandis que serrer la main de Jupiter symbolise la gloire éternelle.

On dit que Napoléon avait rêvé (pendant ses brefs moments de repos) qu'un essaim d'abeilles gigantesques l'emprisonnaient et l'enfermaient dans une petite boîte. Il fut fait prisonnier dans l'île de Sainte-Hélène.

Il paraît que Marie-Antoinette, lorsqu'elle était en prison, avait vu en rêve son visage et celui de Louis XVI se refléter dans la lune. Un mois après (c'est-à-dire au bout d'un cycle lunaire), ils furent tous les deux guillotinés.

On assure que Maria Drago, la mère de Mazzini, avait rêvé, alors qu'elle venait de se marier, qu'un oiseau de proie lui arrachait ses viscères, les transportait en vol parmi la foule et les déposait sur une grande place. Elle mit au monde un fils, Giuseppe (symbolisé par les viscères), qui devint célèbre pour ses actions patriotiques, ainsi que le dépôt des viscères parmi la foule l'avait annoncé.

On dit que Raspoutine avait eu la vision onirique suivante: la terre s'ouvrait brusquement en formant un énorme gouffre dans lequel sombraient tous les jeunes arbres des jardins royaux. Son rêve symbolisait la chute et la fin de la dynastie des Romanoff.

Les journaux anglais firent un jour état d'un fait divers

insolite. Une jeune fille avait vu en rêve un corbillard conduit par un inconnu dont le visage était si dur qu'elle ne put l'oublier. Elle se rendit ensuite dans un grand magasin et, tandis qu'elle s'apprêtait à monter dans l'ascenseur, elle reconnut dans la cabine l'inconnu qu'elle avait vu en rêve. Elle recula effrayée et ne prit pas l'ascenseur. Celui-ci s'effondra en faisant de nombreuses victimes. Le rêve prémonitoire de cette jeune fille lui avait sauvé la vie.

On peut également citer l'histoire de cette aristocrate vénitienne qui rêva que sa femme de chambre lui demandait de lui prêter ses vêtements et ses bijoux. Celle-ci devint l'amante de son mari, ainsi que le rêve l'avait laissé présager.

DICTIONNAIRE DES SYMBOLES ONIRIQUES

A

Abandon: *(de votre amant (e))* vous voulez être libre;
(de vos enfants) vous avez peur de vieillir;
(de vos parents) vous redoutez les responsabilités.

Abandonner: *(quelque chose)* désir de changer de vie.

Abattre: *(un ennemi)* vous viendrez à bout de vos difficultés financières;
(une bête féroce) vous réduirez vos ennemis à l'impuissance.

Abbaye: *(se trouver dans une –)* vous tenez à vous élever spirituellement.

Abécédaire: vous ne vous sentez pas à la hauteur du poste que vous occupez.

Abeilles: *(qui bourdonnent)* discussions, querelles;
(qui butinent) créativité et enrichissement;
(qui volent) vous savez tenir tête à vos ennemis;
(essaim d'–) commérages, discussions publiques.

Abîme: la peur de l'inconnu vous empêche d'agir.

Abondance: *(de dettes)* vous vous sortirez de vos problèmes financiers;
(d'enfants) préoccupations et responsabilités;
(de fruits) votre succès prochain est assuré;
(de fleurs) vous vous comportez avec frivolité e
(d'objets divers) vous devez affronter un di

Abonner (s'): *(à une revue, à un journal)* vous êtes attaché à vos habitudes.

Aboyer: *(entendre –)* attendez-vous à une mauvaise nouvelle.

Abreuvoir: vous faites preuve d'une sagesse admirable.

Abri: *(trouver un –)* vous savez affronter les malheurs de la vie avec philosophie.

Abuser: *(de la confiance de quelqu'un)* vous voudriez être doué pour les affaires.

Académie: *(de musique)* vous souhaitez vivement réaliser un voyage en bonne compagnie;
(des beaux-arts) le train-train quotidien vous déprime.

Accouchée: chagrins récents.

Accouchement: *(assister à un –)* mort d'un camarade.

Accoucher: vous voyez votre avenir avec pessimisme.

Accoucheur: une personne veut vous confier des responsabilités contre votre gré.

Accueil: *(froid)* vous craignez de ne pas être à la hauteur de la situation;
(chaleureux) vous êtes entouré de personnes qui vous respectent.

Accumuler: *(de l'argent)* vous êtes un dépensier incorrigible, essayez de faire un effort;
(des livres) vous risquez de tomber malade d'ici peu de temps;
(des objets divers) vous avez besoin de vous éclaircir les idées.

Achat: *(de marchandises)* vos peines ne vont pas durer;
(de fruits) une personne vous aime à votre insu.

Acheminer (s'): *(sur une route)* changements prochains.

Acheter: *(des objets)* guérison certaine; avancement;
(une maison) vous ne vous connaissez pas bien.

Achever: *(un travail)* vous désirez vivre dans la sérénité.

Acquitter: vous vous sentez inférieur aux autres.

Acteur: vous négligez votre physique.

Additionner: *(des objets)* vous voudriez avoir plus de temps à consacrer à vos loisirs.

Administrer: *(un médicament)* vous êtes un sage conseiller.

Adorer: *(Dieu)* vous allez traverser une période de crise grave;
(la Sainte Vierge) votre enfance n'a pas été des plus heureuses.

Adultère: *(découvert)* vous avez peur de ne pas vous montrer assez astucieux;
(que vous regrettez) vos souhaits seront rapidement exaucés.

Affaiblir (s'): inquiétudes justifiées concernant un parent.

Affaire: *(traiter une)* vos espoirs seront déçus;
(suspendue) ne divulguez pas vos secrets.

Affiche: *(publicitaire)* vous resterez en dehors des événements.

Affolement: *(céder à l'–)* perversion sexuelle.

Affronter: *(des ennemis)* votre vie sentimentale va connaître des complications;
(des bêtes féroces) vous êtes entouré de personnes qui veulent vous nuire.

Agenouiller (s'): vous vous montrez servile vis-à-vis de vos supérieurs.

Agiter (s'): vous avez besoin de vous défouler physiquement.

Agneau: *(cuit)* chance et succès vous sont assurés.

Agonie: *(de quelqu'un)* l'un de vos parents va bientô remettre de sa maladie.

Agrandir: *(sa maison)* grandeur d'esprit, générosité; *(son jardin)* vous traversez une période positive.

Agresseur: *(de nuit)* méfiez-vous des femmes hypocrites et menteuses;
(de jour) vous craignez de ne pas savoir dominer vos instincts;
(dans la rue) vos affaires ne sont pas très bien parties.

Agriculture: vos projets vont se réaliser.

Aide: *(demander de l'–)* essayez de ne plus importuner une personne à qui vous êtes indifférent.

Aider: *(quelqu'un)* votre situation financière est actuellement tout à fait satisfaisante.

Aïeuls: vision prophétique.

Aigle: *(en vol)* le lancement d'un projet sera retardé;
(sur une branche) vous réussirez dans vos nouvelles activités;
(qui attaque) un homme puissant vous menace;
(mort) vous saurez tenir tête à vos adversaires et les battre;
(à deux têtes) vous faites preuve d'une autorité excessive.

Aiguilles: *(de couture)* un piège va vous être tendu;
(de montre) vous avez peur de ne pas pouvoir finir un travail à temps.

Aiguillon: *(à bœufs)* une personne qui vous en veut vous fera un coup bas;
(de guêpe) les personnes qui veulent vous nuire y parviendront;
(d'abeille) ne choquez pas les personnes influentes.

Ail: satisfaction, réussite malgré des désaccords en famille.

Aile: *(d'oiseau)* une femme vous trompera;
(d'ange) vos aspirations sont trop ambitieuses;
(de voiture) montrez-vous très prudent.
Aimé: *(se sentir –)* vous êtes orgueilleux.
Aimer: *(son frère)* réussite professionnelle;
(sa sœur) vous êtes en harmonie avec vous-même;
(son père) ne racontez pas vos secrets, car ils seront utilisés contre vous;
(sa mère) vos affaires marcheront à merveille;
(un inconnu) votre narcissisme vous nuira.
Aine: *(blessée)* une affaire va mal tourner.
Aîné: *(être l'–)* vous croulez sous les responsabilités.
Air: *(limpide et pur)* vous retrouverez quelque chose que vous aviez perdu;
(vif) ne faites aucun projet de voyage;
(de la montagne) vous allez peut-être déménager.
Albâtre: mort d'une personne que vous connaissiez bien.
Album: *(de photographies)* vous devez avoir davantage confiance en vous.
Allaiter: *(un petit garçon)* une période de graves difficultés vous attend;
(une petite fille) vous allez avoir un accident;
(des chiots) vous désirez avoir un compagnon fidèle.
Allée: *(d'un jardin)* vous êtes à l'abri de l'adversité.
Allonger (s'): inactivité forcée, manque de travail.
Allumer: *(des allumettes)* vous traversez une période médiocre sur le plan sentimental;
(une lampe) vous ne savez plus où vous en êtes;
(un feu) votre situation est stable et satisfaisante.
Allumettes: idées fugaces, inconstance.
Altercation: frustrations sexuelles.
Amandes: désordre, bavardages confus.

Amant (e): *(absent [e])* ne vous attendez pas à faire un héritage;
(infidèle) vous serez récompensé pour votre générosité;
(jaloux [se]) vous vivrez une joie de courte durée.

Amarrer: *(une embarcation)* soutien d'un ami bienfaiteur.

Amasser: *(de l'argent)* un homme de loi essaiera de vous nuire.

Ambassadeur: vous vivrez un grand bonheur au cours d'un voyage.

Ambre: *(collier d'–)* discussions en famille;
(fume-cigarette d'–) symbole d'une femme intelligente, mais susceptible.

Ami: *(loyal)* n'écoutez pas les commérages et les ragots;
(déloyal) vous êtes méfiant et fermé sur vous-même;
(en colère) votre situation actuelle est difficile.

Amoureux: *(tomber –)* période de solitude sentimentale.

Amphithéâtre: *(se trouver dans un –)* vous avez de grands projets pour le futur.

Amphore: vous ne savez pas garder les secrets.

Amuser (s'): indécision, paresse.

Ancêtre: de vieux problèmes vous préoccupent.

Anchois: *(vivants)* de nombreuses personnes vous prennent en dérision;
(cuits) votre vie amoureuse n'est pas des plus enthousiasmantes.

Ancien: *(objet, bâtiment)* les regrets vous empêchent de progresser.

Âne: il symbolise une femme ou un mari obéissant;
(porter le bonnet d'–) présage bénéfique pour les lettrés et les philosophes; les autres auront des difficultés financières.

ontenant des vêtements) vous avez une sensibilité rtistique très développée.

ıebuse: vous admirez une personne qui ne le mérite as.

ıcher (s'): *(les cheveux)* vous voulez dominer quelu'un;

es dents) vous aller manquer d'argent et d'affection.

ter: *(son père)* vous allez manquer d'argent;

a mère) vous craignez de ne pas trouver de travail;

a sœur) vos convictions spirituelles n'évoluent plus;

on frère) vous obtiendrez gain de cause dans un onflit;

les ennemis) soyez plus audacieux en affaires.

ère: *(être à l'– d'un bateau)* vous ne savez pas vous nposer.

ère-plan: *(voir un –)* vous allez recourir à un subterfu-e.

ver: *(d'un voyage)* vous vivrez un événement étrange;

hez soi) essayez de vous isoler davantage.

ısoir: vous devez vous montrer patient.

(insolite) on vous confiera une grosse responsabilité.

chaut: *(voir un –)* désespoir secret, solitude;

nanger un –) situation professionnelle difficile.

culer: vous n'aurez pas la récompense que vous ttendiez.

lleur: n'écoutez pas les commérages.

sanat: *(forgeron, menuisier, etc.)* votre compagnon ous est fidèle et attaché;

ordonnier, vitrier, etc.) troubles, douleurs, disputes.

ste: *(voir un –)* cela symbolise un homme jeune, brun, nimé de mauvaises intentions.

Ange: *(qui vole)* vous vaincrez vos adversaires dans tous les domaines;

(doré) vos projets vont tomber à l'eau.

Angoisse: *(éprouver de l'–)* vous devez affronter un dilemme.

Anguille: *(dans l'eau)* vous ne comprenez pas l'état d'esprit de votre entourage professionnel;

(cuite) vous savez bien vous débrouiller.

Animal: *(féroce)* vous essayez de fuir quelqu'un;

(domestique) vous êtes aimé par votre famille;

(qui parle) vous êtes en rapport avec des personnes cultivées;

(qui vous poursuit) montrez-vous plus énergique dans votre travail;

(se transformer en –) vous ferez preuve de plus d'intuition et d'astuce.

Année: *(passée)* vous n'arrivez pas à prendre de décision;

(prochaine) vous pourrez réaliser vos rêves les plus fous.

Antre: vous réprimez vos instincts les plus profonds.

Anxiété: signe de mélancolie, de tristesse.

Apparaître: *(à la fenêtre)* joie de courte durée;

(à la porte) visite d'un ami;

(au bord d'un précipice) vous risquez d'avoir un accident.

Apparence: *(changer d'–) (en mieux)* votre avenir sera rose;

(en pire) mécontentement, situation financière précaire.

Appartement: *(vide)* vous avez besoin de poursuivre vos études;

(meublé) vous possédez de remarquables qualités humaines.
Appât: *(au bout d'un hameçon)* vous réparerez une bêtise.
Applaudir: votre humilité et votre modestie sont déplacées.
Applaudissements: *(recevoir des –)* vous avez besoin de vous sentir approuvé.
Apprendre: *(quelque chose)* vous avez du mal à vous concentrer;
(par cœur) ne vous fiez pas aux apparences.
Approcher (s'): *(de quelqu'un)* vous allez vivre une nouvelle aventure amoureuse.
Approprier (s'): *(des objets appartenant à autrui)* votre convoitise vous gâche la vie.
Appuyer (s'): *(à un mur)* succès assuré, position stable;
(sur une canne) épuisement physique;
(sur une personne) vous avez besoin d'un compagnon digne de confiance.
Araignée: un homme malveillant veut vous nuire;
(tuer une –) vous triompherez de tous vos adversaires.
Arbre: *(en fleurs)* la chance vous sourit, profitez-en;
(couvert de fruits) présage positif pour les sportifs et les commerçants;
(de haut fût) soyez patient car vos efforts seront récompensés;
(résineux) cela symbolise une femme riche et dépravée;
(feuillu) c'est le moment d'agir.
Arc de triomphe: contrariétés, affaires manquées.
Arc-en-ciel: vous êtes trop émotif.
Archange: vous surévaluez votre créativité.
Archet: *(de violon)* perte d'argent.

Architecture: *(classique, antique)* vous r
de la vie que vous menez;
(moderne) créativité, dynamisme.
Architrave: *(brisée)* présage de mort d'u
(entière) avarice d'un membre de vo
Argent: *(compter de l'–)* manque de cor
me;
(voir de l'–) méchanceté, perfidie;
(manger de l'–) maladies graves;
(trouver de l'–) fraude, escroqueries;
(accumuler de l'–) manque de moyer
(pièces d'–) vous allez signer un cont
(bassines, cuvettes en –) vous épouser
issue d'une classe sociale modeste;
(coupes en –) situation financière trè
(avoir des dents en –) bon présage p
politiques et les lettrés;
(devenir d'–) vous souffrirez d'une long
vous vous remettrez.
Argile: vous vivrez un amour éphémère
(travailler de l'–) vous n'arrivez pas à
la personne aimée.
Armature: *(de fer)* vous avez peur de m
Arme: vous devez prendre une décision
Armé: *(être – d'un pistolet)* vous êtes fail
(d'un couteau) vous méditez une veng
(d'un fusil) vous craignez de vous fa
vos ennemis.
Armée: *(voir une –)* votre naïveté vous c
Armoire: vous ne savez par garder les se
(fermée à clef) vous n'êtes pas très so

Ange: *(qui vole)* vous vaincrez vos adversaires dans tous les domaines;
(doré) vos projets vont tomber à l'eau.

Angoisse: *(éprouver de l'–)* vous devez affronter un dilemme.

Anguille: *(dans l'eau)* vous ne comprenez pas l'état d'esprit de votre entourage professionnel;
(cuite) vous savez bien vous débrouiller.

Animal: *(féroce)* vous essayez de fuir quelqu'un;
(domestique) vous êtes aimé par votre famille;
(qui parle) vous êtes en rapport avec des personnes cultivées;
(qui vous poursuit) montrez-vous plus énergique dans votre travail;
(se transformer en –) vous ferez preuve de plus d'intuition et d'astuce.

Année: *(passée)* vous n'arrivez pas à prendre de décision;
(prochaine) vous pourrez réaliser vos rêves les plus fous.

Antre: vous réprimez vos instincts les plus profonds.

Anxiété: signe de mélancolie, de tristesse.

Apparaître: *(à la fenêtre)* joie de courte durée;
(à la porte) visite d'un ami;
(au bord d'un précipice) vous risquez d'avoir un accident.

Apparence: *(changer d'–) (en mieux)* votre avenir sera rose;
(en pire) mécontentement, situation financière précaire.

Appartement: *(vide)* vous avez besoin de poursuivre vos études;

(meublé) vous possédez de remarquables qualités humaines.

Appât: *(au bout d'un hameçon)* vous réparerez une bêtise.

Applaudir: votre humilité et votre modestie sont déplacées.

Applaudissements: *(recevoir des –)* vous avez besoin de vous sentir approuvé.

Apprendre: *(quelque chose)* vous avez du mal à vous concentrer;
(par cœur) ne vous fiez pas aux apparences.

Approcher (s'): *(de quelqu'un)* vous allez vivre une nouvelle aventure amoureuse.

Approprier (s'): *(des objets appartenant à autrui)* votre convoitise vous gâche la vie.

Appuyer (s'): *(à un mur)* succès assuré, position stable;
(sur une canne) épuisement physique;
(sur une personne) vous avez besoin d'un compagnon digne de confiance.

Araignée: un homme malveillant veut vous nuire;
(tuer une –) vous triompherez de tous vos adversaires.

Arbre: *(en fleurs)* la chance vous sourit, profitez-en;
(couvert de fruits) présage positif pour les sportifs et les commerçants;
(de haut fût) soyez patient car vos efforts seront récompensés;
(résineux) cela symbolise une femme riche et dépravée;
(feuillu) c'est le moment d'agir.

Arc de triomphe: contrariétés, affaires manquées.

Arc-en-ciel: vous êtes trop émotif.

Archange: vous surévaluez votre créativité.

Archet: *(de violon)* perte d'argent.

Architecture: *(classique, antique)* vous n'êtes pas satisfait de la vie que vous menez;
(moderne) créativité, dynamisme.

Architrave: *(brisée)* présage de mort d'un parent proche;
(entière) avarice d'un membre de votre famille.

Argent: *(compter de l'–)* manque de confiance, pessimisme;
(voir de l'–) méchanceté, perfidie;
(manger de l'–) maladies graves;
(trouver de l'–) fraude, escroqueries;
(accumuler de l'–) manque de moyens financiers;
(pièces d'–) vous allez signer un contrat important;
(bassines, cuvettes en –) vous épouserez une personne issue d'une classe sociale modeste;
(coupes en –) situation financière très prospère;
(avoir des dents en –) bon présage pour les hommes politiques et les lettrés;
(devenir d'–) vous souffrirez d'une longue maladie dont vous vous remettrez.

Argile: vous vivrez un amour éphémère;
(travailler de l'–) vous n'arrivez pas à vous déclarer à la personne aimée.

Armature: *(de fer)* vous avez peur de mourir.

Arme: vous devez prendre une décision difficile.

Armé: *(être – d'un pistolet)* vous êtes faible de caractère;
(d'un couteau) vous méditez une vengeance cruelle;
(d'un fusil) vous craignez de vous faire dominer par vos ennemis.

Armée: *(voir une –)* votre naïveté vous coûte cher.

Armoire: vous ne savez par garder les secrets;
(fermée à clef) vous n'êtes pas très sociable;

(contenant des vêtements) vous avez une sensibilité artistique très développée.

Arquebuse: vous admirez une personne qui ne le mérite pas.

Arracher (s'): *(les cheveux)* vous voulez dominer quelqu'un;
(les dents) vous aller manquer d'argent et d'affection.

Arrêter: *(son père)* vous allez manquer d'argent;
(sa mère) vous craignez de ne pas trouver de travail;
(sa sœur) vos convictions spirituelles n'évoluent plus;
(son frère) vous obtiendrez gain de cause dans un conflit;
(des ennemis) soyez plus audacieux en affaires.

Arrière: *(être à l'– d'un bateau)* vous ne savez pas vous imposer.

Arrière-plan: *(voir un –)* vous allez recourir à un subterfuge.

Arriver: *(d'un voyage)* vous vivrez un événement étrange;
(chez soi) essayez de vous isoler davantage.

Arrosoir: vous devez vous montrer patient.

Art: *(insolite)* on vous confiera une grosse responsabilité.

Artichaut: *(voir un –)* désespoir secret, solitude;
(manger un –) situation professionnelle difficile.

Articuler: vous n'aurez pas la récompense que vous attendiez.

Artilleur: n'écoutez pas les commérages.

Artisanat: *(forgeron, menuisier, etc.)* votre compagnon vous est fidèle et attaché;
(cordonnier, vitrier, etc.) troubles, douleurs, disputes.

Artiste: *(voir un –)* cela symbolise un homme jeune, brun, animé de mauvaises intentions.

Ascenseur: *(monter dans un –)* vous ne savez pas ce qui vous attend dans la vie.

Asperger: *(quelqu'un d'eau)* fécondité, créativité.

Aspic: une femme riche vous soutiendra.

Aspiration: entreprenez les projets qui vous tiennent à cœur.

Assaillir: *(des ennemis)* vos nouveaux projets échoueront; *(des amis)* vous êtes une personne instable et irréaliste.

Assaisonnement: *(huile, beurre)* situation dangereuse.

Assassin: *(rencontrer un –)* une difficulté imprévue va retarder vos projets.

Assassiner: *(quelqu'un)* votre lâcheté vous empêche d'agir.

Assemblée: *(de juges)* vous n'êtes pas satisfait de votre comportement social;
(du peuple) vous avez une nature timide;
(de parents) votre travail marchera pour le mieux;

Asseoir (s'): vous voulez prendre quelques jours de repos.

Assiettes: *(voir des –)* votre mode de vie ne vous satisfait pas.

Assister: *(des malades)* prenez votre décision avec fermeté;
(des mourants) vous allez changer de compagnon.

Association: *(faire partie d'une –)* surveillez vos dépenses.

Assoiffé: *(être)* vous allez rencontrer des difficultés.

Assombrissement: *(de la lune)* vos revenus financiers vont s'accroître;
(du soleil) vous allez traversez une période de déprime;
(du ciel) vous avez peur d'être mis à l'écart par les autres;
(du jour) dégradation de vos affaires.

Assommer: *(se faire –)* défaite certaine.

Assortiment: *(de chaussures)* vous avez trop d'obligations et d'occupations;
(d'objets divers) revalorisez votre travail.

Astiquer: *(un objet)* vous avez une attitude obséquieuse envers vos supérieurs.

Astre: *(scintillant)* tout ira pour le mieux;
(voilé) présage néfaste, graves malheurs.

Astrologue: vous rencontrerez une personne charmante dont il faudra vous méfier.

Astronome: vous vous sentez inculte et souhaitez vous instruire.

Athlète: *(voir un –)* vous avez beaucoup de force de caractère.

Atmosphère: *(être dans l'–)* vous réussirez votre vie professionnelle et amoureuse.

Atome: vous recevrez un petit cadeau.

Atteindre: *(un objectif)* la partie est gagnée d'avance.

Attention: *(faire –)* vous avez besoin de faire du sport.

Attiser: *(le feu)* vous vous disputerez avec votre mère.

Attraper: *(un chat)* désir d'avoir un amant;
(des papillons) vous avez l'esprit incohérent et recherchez l'oisiveté;
(des voleurs) vous viendrez à bout d'un problème particulièrement complexe;
(des mouches) les ragots des bons à rien ne vous affectent pas;
(des puces) vous allez connaître des difficultés financières;
(quelque chose au vol) pressentiment de la mort d'un proche parent.

Attrister (s'): exubérance, émotivité.

Aube: vous traversez une période de frivolité excessive.

Auberge: *(être dans une –)* vous allez traverser une période de grande aisance matérielle.

Aubergine: mélancolie, nostalgie.

Aubergiste: angoisse, peur de l'avenir, mort d'un malade.

Audience: *(d'un tribunal)* respect de la loi.

Auréole: *(avoir une –)* vous vous enfermez dans votre tour d'ivoire.

Autel: *(à l'église)* persévérez, vos efforts seront couronnés de succès;
(couvert de fleurs) vous êtes orgueilleux et vous aimez le luxe.

Automne: vous concevez des projets à long terme.

Automobile: *(conduire une –)* toutes les responsabilités reposent sur vous.

Autruche: *(voir une –)* symbole d'une personne lâche et dangereuse.

Avaler: *(un médicament)* vous allez avoir des peines de cœur;
(du poison) perte d'argent considérable.

Avancer: vous faites des progrès dans tous les domaines.

Avantages: *(jouir d'–)* votre optimisme vous aidera à lutter.

Avarice: méfiance à l'égard des autres.

Aventurier: demande de mariage en vue.

Aversion: *(éprouvée)* vous risquez d'avoir une maladie du foie.

Avertissement: *(lancer un –)* vous souffrez beaucoup de votre rupture amoureuse.

Aveugle: *(être –)* présage bénéfique pour ceux qui sont en prison; ne partez pas en voyage en ce moment.

Aveugler: *(quelqu'un)* vous vous comportez avec hypocrisie et malhonnêteté vis-à-vis de la personne aimée.

Avis: *(à la population)* vous ferez probablement une croisière.

Avocat: on vous confiera des responsabilités inhabituelles.

Avoine: *(manger de l'–)* organisez vos idées.

Avortement: vous affrontez vos problèmes avec lâcheté.

B

Babouin: vous êtes replié sur vous-même.

Bâche: stabilité économique qui ne durera pas.

Bagarre: *(assister à une –)* craintes justifiées, embêtements attendus;
(entre femmes) affaires embrouillées;
(entre hommes) des faits inattendus vont vous compliquer la vie;
(entre chats) disputes entre amants;
(entre chiens) un ami vous demandera de l'aide;
(entre amants) vous avez trop de temps libre.

Bagarrer (se): vous êtes envieux.

Bague: *(en bronze)* votre réussite sera très moyenne;
(en acier) luttez et vous l'emporterez;
(en or) vos initiatives seront réduites à néant;
(avec des diamants) votre amour de l'argent n'a plus de bornes;
(alliance) les liaisons sentimentales vous font peur;
(trouver une –) vous recevrez la visite d'une amie.

Baguette: *(magique)* pressentiment d'une fin prochaine;
(d'orchestre) vos critiques sont trop sévères.

Baignoire: *(être dans une –)* avantages matériels.

Bâiller: paresse, indifférence.

Bâillon: *(porter un –)* vous aimeriez pouvoir exprimer vos idées personnelles.

Bain: *(moussant)* retards qui n'étaient pas prévus;
(chaud) frustrations sexuelles;
(froid) reportez votre voyage.

Bain de pieds: *(prendre un –)* vous réussirez à prendre quelques jours de repos; relation amoureuse illégitime.

Baiser: *(donner un –) (à ses enfants)* surmenage dans le travail;
(à son père) besoin d'affection;
(à sa mère) un problème sera enfin résolu;
(à un inconnu) signe de narcissisme;
(à un mort) vous concevez des projets de longue haleine;
(la main de quelqu'un) vous vous sentirez dominé par une personne trop énergique.

Baisser: *(les mains)* vous aimeriez prendre des loisirs;
(les yeux) vous ne voulez pas regarder la réalité en face;
(la tête) les autres réussissent toujours à l'emporter sur vous.

Bal: *(de campagne)* vos enfants vous donnent des soucis;
(masqué) on essaie de vous mettre des bâtons dans les roues.

Balafrer: *(quelqu'un)* malveillance, esprit de domination.

Balance: vous devez résoudre un problème complexe.

Balayer: *(une pièce)* devoir inaccompli.

Balcon: *(se trouver sur un –)* rétablissement de votre équilibre psychique qui est en ce moment parfait;
(d'une église) ne dites pas de mal des autres dans leur dos.

Baldaquin: désir de gloire.

Baleine: une personne reviendra de loin.

Balle: rivalités autour d'une femme de mauvaises mœurs; *(jouer à la –)* amour sensuel et passager.

Ballon: un homme ne tiendra pas ses promesses.

Baluchon: *(porter un –)* pour une femme: vous êtes trop désordonnée; pour un homme: mêlez-vous de ce qui vous regarde.

Balustrade: *(d'un balcon)* climat affectif réconfortant, stabilité financière;
(absence de –) désadaptation; vous êtes incompris et nostalgique;
(en fer forgé) vous ne parvenez pas à vous épanouir.

Bambou: vous pouvez réussir de mille façons.

Banc: vous vous méfiez d'autrui et vous faites bien.

Bande: *(de voleurs)* jalousie, convoitise.

Bandé: *(être –)* vous essayez d'étouffer votre passion.

Bandeau: vous voulez réprimer vos instincts.

Bander: *(quelqu'un)* vous traversez une période difficile.

Bandit: *(qui attaque)* vous souffrez d'un complexe d'infériorité;
(qui est poursuivi) vous êtes très décidé;
(qui est tué) votre frère pourrait tomber malade.

Banlieue: *(d'une ville inconnue)* vous ne savez pas très bien où vous allez.

Banque: gaspillage insensé.

Banquet: *(de mariage)* vous voudriez changer de partenaire;
(somptueux) vous voudriez vivre un peu moins chichement.

Banquette: votre tranquillité ne va pas durer.

Baptême: *(assister à un –)* graves ennuis pour l'un de vos amis.

Baptistère: solitude.

Baquet: *(prendre un bain dans un –)* vous n'avez pas de problème d'argent;
(voir un – vide) privation brutale de quelque chose.

Baraque: *(taudis)* vous tenez à votre richesse;
(foraine) vous accepterez une invitation qui vous sera agréable.

Barbe: *(portée par un jeune homme)*, triomphe, bonheur assuré;
(blanche) vos projets vont tomber à l'eau;
(frisée) ennuis en perspective.

Baril: *(vide)* vous êtes à court d'idées;
(de pétrole) vous ne supportez pas la concurrence;
(de vin) période de bien-être dans tous les domaines;
(d'huile) ne tombez pas dans les pièges que l'on vous tend;
(cassé) ne remettez pas à demain ce que vous pouvez faire aujourd'hui.

Baromètre: vous êtes maniaque de la précision.

Baron: vous admirez les hommes de pouvoir.

Barque: vous êtes follement amoureux.

Barre: *(de fer)* vous haïssez quelqu'un inconsciemment.

Barrer: *(une porte)* vous êtes terrorisé à l'idée de devoir faire un choix rapidement.

Barricader: *(la porte de chez soi)* vous allez arrêter vos études ou changer de travail.

Bas: *(enfiler des –)* sexualité insatiable.

Bas-relief: période calme, sans grandes nouveautés.

Basculer: *(faire – quelque chose)* vous croyez être en tort.

Base: *(d'une colonne)* vous avez oublié vos bonnes résolutions;
(d'une statue) vous avez horreur de l'hypocrisie;
(d'un récipient) votre cœur est sec.

Basilique: désir de grandeur, d'élévation spirituelle.
Bassine: *(en argent)* vous épouserez une personne d'origine sociale modeste;
(en or) vous allez gagner au jeu;
(en bronze) vous êtes fidèle à vos idées;
(en verre) votre situation financière est précaire;
(en plastique) période délicate;
(pleine d'eau) événements favorables.
Bastion: votre vie privée ne regarde que vous.
Bât: *(sur un âne)* un événement vous contrarie.
Bataille: *(voir une –) (militaire)* vous résoudrez de graves problèmes;
(navale) votre changement d'affectation sera retardé.
Batailler: disputes, luttes, compétition.
Bataillon: *(de militaires marchant au pas)* des initiatives destinées à vous nuire seront prises par vos "collègues";
(faisant des manœuvres) on complote contre vous.
Bateau: *(de plaisance)* vous ne partagez pas le bonheur d'un ami;
(de commerce) de récents événements vous ont bouleversé;
(de pêche) vous n'exploitez pas à fond vos possibilités;
(à vapeur) vous vous sentez nostalgique en pensant au passé;
(qui navigue) vous avez laissé passer de bonnes occasions;
(qui coule) symbole d'inactivité;
(dans une tempête) difficultés professionnelles;
(amarré) fatigue physique;
(qui entre au port) bonnes nouvelles en perspective;
(peint) vous vivrez des événements invraisemblables.

Batelier: *(qui rame)* vous mettez au point de nouveaux projets;
(qui pêche) soyez prudent en ce moment;
(mort) votre mère risque de tomber malade.

Bâtir: *(en couture)* ne portez pas de jugements aussi superficiels.

Battant: *(d'une cloche)* vous éprouverez une grande joie;
(d'une porte ancienne) vous retrouverez la personne aimée.

Battement de cœur: vous vous sentez coupable.

Battre: *(le tambour)* vos espoirs sont vains;
(des mains) vos parents vous soutiendront fermement;
(un tapis) guérison assurée d'une maladie;
(un enfant) vous voulez dissimuler un événement gênant.

Battu: *(être)* vous désirez qu'une personne vous protège.

Baume: vous recevrez un gros bouquet de fleurs.

Bave: *(d'un vieillard)* vous supportez mal la fragilité de l'un de vos amis; dangers;
(d'un enfant) une situation difficile se prolonge;
(d'un malade) vous êtes sur le point de céder;
(d'un chien) vous faites preuve de présomption.

Béatitude: *(éprouver de la –)* présage favorable.

Beau-frère: on dit du mal de vous dans votre dos.

Beau-père: vous ferez un voyage à l'étranger.

Beauté: *(admirer la – de quelque chose ou quelqu'un)* vous êtes sensible aux attentions d'autrui.

Bec: *(d'oiseau en général)* humilité;
(d'aigle) vous ne parvenez pas à mettre vos qualités en valeur.

Bécasse: *(en vol)* vous laisserez passer une occasion;
(tuée) vous réussirez tout ce que vous entreprendrez.

Bêcher: *(la terre)* votre futur s'annonce très bien.
Becquée: *(donner la – à des oiseaux)* rencontre d'une femme dépensière.
Bédouin: un événement inhabituel va se produire.
Béguine: *(voir une –)* manque de respect.
Bêler: *(chèvre)* vous protégerez une amie en danger.
Belle-mère: vous devrez faire carrière sans l'aide de personne.
Belvédère: vous avez besoin de repos.
Belzébuth: vous êtes hanté par les remords.
Bénédiction: vous voulez que l'on reconnaisse vos mérites.
Bénir: vous avez besoin d'être flatté.
Berceau: *(d'un enfant)* situation épineuse, embrouillée.
Bercer: *(un enfant)* vous ne savez pas surmonter les obstacles.
Béret: *(militaire)* vous avez besoin d'autodiscipline.
Berger: *(voir un –)* projets de retraite;
(être un –) vous aimeriez avoir une vie plus calme.
Berline: déplacement en perspective.
Besace: *(pleine)* vous respectez la tradition;
(vide) on vous recevra très froidement.
Besoin: *(être dans le –)* paresse, oisiveté.
Betterave: connaissance de soi.
Beurre: on refusera de vous porter secours.
Bibelots: *(voir de nombreux –)* vos conditions de vie sont enviables.
Bible: *(voir une –)* vous avez des idées fécondes.
Bibliothèque: *(se trouver dans une –)* sensibilité exacerbée.
Biche: grand bonheur en perspective.
Bicoque: *(se trouver dans une –)* craintes pour l'avenir.

Bicorne: rencontre d'une femme affectueuse.
Bien-être: *(éprouver du –)* bon équilibre psychophysique.
Bienfaiteur: *(être un–)* vous êtes égoïste.
Biens: *(posséder des –)* votre situation financière est médiocre;
(hériter des –) vous voulez tout obtenir sans le moindre effort;
(perdre des –) vous n'avez pas les pieds sur terre.
Bière: déconsidération.
Bigame: *(être –)* mettez au point une tactique.
Bijou: *(comportant des pierres précieuses)* santé, prospérité;
(en or) un projet tombera à l'eau.
Bile: *(vomir de la –)* tous vos maux vont s'apaiser.
Billard: vous avez besoin de faire de l'exercice.
Bille: mécontentement, insatisfaction.
Billet: *(de loterie)* votre bonheur va durer;
(de théâtre) n'hésitez pas à prendre des initiatives;
(de train) l'une de vos amies va tomber malade.
Biscuits: projets irréalisables.
Bise: *(vent)* on complote contre vous.
Bistrot: empêchements, déménagement ou voyage remis à plus tard, santé incertaine.
Blaireau: hostilité envers un homme d'origine modeste.
Blâmer: crise de larmes passagère.
Blanc: *(vêtement –)* malheur, malchance.
Blasphémer: vous êtes trop passif.
Blé: bonne santé, bonheur en amour, argent.
Blesser (se): mariage en vue, indépendance financière, succès.
Blesser: *(un ami)* vous triompherez de l'adversité;
(un étranger) vous recevrez une punition méritée;

(sa femme) un supérieur hiérarchique vous calomnie;
(son mari) une vie mouvementée vous attend;
(des animaux) vous redoutez l'intuition d'autrui.

Blessure: contrariétés passagères en vue;
(mortelle) maladies en perspective, malheur.

Bleu: *(couleur)* vous aspirez au calme et à la tranquillité.

Bloc de pierre: *(déplacer un –)* vos efforts seront récompensés.

Bobine: *(de fil)* vous avez de nombreuses possibilités, mais vous vous laissez aller à la paresse.

Bœuf: présage bénéfique pour tous;
(noir) vous allez échapper à un accident;
(tirant une charrue) soumission, patience;
(viande de –) les affaires vont mal;
(troupeau de bœufs) bouleversement de la situation.

Bohémien: *(voir un –)* une personne de votre entourage essaie de nuire à vos intérêts;
(être un –) désir d'évasion.

Boire: *(de l'eau)* vous serez récompensé pour votre sérieux;
(de l'eau chaude) inactivité, chômage;
(du vin) accroissement de votre richesse, tranquillité d'esprit;
(trop) ennuis, anxiété.

Bois: découragement, pessimisme;
(dans la cheminée) éteint: misère; allumé: prospérité;
(tas de –) ne ratez pas une occasion intéressante.

Boisson: *(sucrée)* faites contre mauvaise fortune bon cœur.

Boîte: *(enfermer quelque chose dans une –)* vous saurez faire taire les mauvaises langues.

Boiteux: *(voir un –)* le malheur va s'abattre sur un membre de votre famille;
(être –) vous allez perdre votre travail.

Bonbons: méchanceté, médisance, ragots.

Bond: *(faire un –)* vos adversaires sont aux aguets.

Bonne nuit: *(souhaiter une – à quelqu'un)* mauvaises mœurs.

Bonnet: *(enfant)* vous allez avoir des problèmes;
(de nuit) vous êtes attaché aux traditions;
(multicolore) ne soyez pas hypocrite.

Bonté: *(de quelqu'un)* vos espoirs seront déçus.

Border: *(un lit)* pour une femme: vous travaillez trop; pour les artisans, les peintres et les sculpteurs: présage positif.

Borgne: *(être –)* ne faites pas de dépenses insensées; problèmes d'argent probables.

Bossu: *(être)* vous n'êtes pas fait pour les affaires;
(voir un –) vous réussirez à mettre en valeur une personne en laquelle vous croyez;
(femme bossue) présage néfaste, malheur, malchance.

Botte de foin: symbole d'une personne au caractère doux et soumis.

Bottes: vous ne transigerez pas sur vos principes.

Bouc: ambition, volonté de faire carrière.

Boucher: *(commerçant)* apprenez à lutter contre l'adversité; pour une personne endettée: vous paierez vos dettes.

Bouchon: *(de bouteille)* vous savez garder un secret.

Boucle: *(de cheveux)* maladie de votre partenaire.

Boucles d'oreilles: *(porter des –)* noces pour une jeune fille; enfants pour une femme mariée; richesse pour

une veuve ou une vieille dame; intrigues, pièges et complications en affaires pour un homme;
(perdre ses –) pour une femme: un projet de mariage tombera à l'eau, perte de biens; pour un homme: vous réussirez à échapper à une malédiction.

Bouclier: protection d'une femme riche et belle.

Boue: vexation dans le domaine professionnel; mauvaise santé.

Bouffon: convoitise, avarice.

Bougie: *(allumée)* vous tiendrez vos promesses.

Bougonner: conflit au sujet d'un héritage.

Bouillon: manque de réflexion.

Bouillotte: aventure sexuelle satisfaisante.

Boulanger: activité chanceuse.

Boulangerie: *(être dans une –)* profitez de l'occasion qui s'offre à vous.

Bouquet: *(de fleurs)* tristesse après une déception amoureuse.

Bourbier: *(être dans un –)* rendez-vous amoureux reporté.

Bourdon: bonnes nouvelles en perspective.

Bourdonnement: *(entendre un –)* on dit du mal de vous dans votre dos.

Bourgade: *(vieille)* vous viendrez à bout de vos ennuis.

Bourgeonner: *(voir une plante –)* bon présage, bonheur en vue.

Bourrade: *(recevoir une –)* une injustice vous fait souffrir.

Bouse: bon présage pour les agriculteurs; pour les autres: ennuis, complications.

Boussole: vous êtes trop ambitieux.

Bouteille: nouvelle inattendue.

Boutique: *(se trouver dans une –)* bavardages pendant les heures de travail.

Boutonner: *(son manteau)* votre entourage vous craint; *(sa chemise)* vous essayez de préserver votre intimité; *(sa veste)* vous vous comportez avec beaucoup de conformisme.

Boutons: *(d'un vêtement)* demande d'argent.

Boxeur: *(être un –)* agressivité refoulée.

Bracelet: *(en or)* pour une femme: mariage, enfants; pour un homme: escroqueries et graves ennuis; *(en argent)* niveau de vie modeste; *(perdu)* mésaventure en perspective.

Braiment: *(d'âne)* un prétendant vous supplie de lui accorder vos faveurs.

Braise: résignation.

Branches: *(d'arbre) (couvertes de feuilles)* rentrées d'argent; *(sans feuilles)* vous allez perdre au jeu.

Brandir: *(une arme)* on essaie de vous nuire.

Bras: *(musclés)* prospérité pour les artisans et les artistes; *(blessés)* perte d'un collaborateur; *(cassés)* deuil dans votre famille.

Brasier: réjouissances, grandes joies.

Brebis: *(perdue)* vos bonnes intentions ne pourront pas se concrétiser.

Brèche: *(ouvrir une –)* vous recherchez l'aventure,

Breloques: *(avoir des –)* chance inespérée.

Brevet: *(déposer un –)* vous avez l'intention de changer de méthode de travail.

Bréviaire: *(lire un –)* vous avez une vocation artistique.

Bricoler: vous cherchez votre vocation.

Bride: *(être tenu par la –)* vous souffrirez peut-être d'une rage de dents.

Brigadier: vous vous sentez culpabilisé.

Brigand: interruption de vos activités.

Brillant: *(objet)* vous aspirez à vous enrichir.

Brillants: *(pierres précieuses)* manque de sérieux.

Briqueterie: on vous aime sans oser vous le déclarer.

Briser: *(un objet)* vous allez rétablir l'ordre rapidement.

Broc: *(plein d'eau)* vous ne savez pas exploiter vos capacités.

Brocanteur: *(aller chez un –)* votre soif d'aventure n'est pas assouvie; le passé vous a marqué à jamais.

Brocart: votre position est solide.

Broder: amour réciproque, bonne entente sexuelle.

Broderie: *(voir une –)* vous avez l'esprit romantique.

Bronchite: *(avoir une –)* esclavage, servitude.

Bronze: maintien du statu quo.

Bronzer: vous commencez à vous lasser de la vie urbaine.

Brouillard: égarement, indécision, doutes.

Bruit: *(entendre un – sourd)* vous avez échappé à un danger.

Brûler (se): aventure amoureuse qui vous est déconseillée;
(le visage) vous n'êtes pas assez autoritaire;
(les mains) vous avez peur de perdre votre emploi;
(les pieds) soyez diplomate;
(les cheveux) vous vous affaiblissez;
(voir –) (sa maison) bien-être pour un pauvre; obligations publiques pour un riche;
(des colonnes) vos enfants agiront avec noblesse et héroïsme;
(des arbres) présage de deuil;
(du bois) situation satisfaisante;
(des cadavres) rupture définitive;

(des vêtements) vous resterez en dehors d'un problème embêtant.

Brutalité: *(faire preuve de –)* conflits avec votre mère.

Bûche: *(qui brûle)* vous obtiendrez des résultats positifs.

Bûcher: *(allumé)* vous avez retrouvé votre entrain et votre énergie.

Bûcheron: vous avez besoin d'être rassuré.

Buffle: un homme n'est pas sensible à votre esprit d'initiative.

Buisson: vous êtes dans une impasse.

Bulbes: *(de fleurs)* bon équilibre psychophysique.

Bureau: *(d'école)* vos capacités sont limitées.

Buste: *(de femme)* agissez en fonction de vos idées; *(de sculpture)* vous aiderez un ami à trouver un emploi.

But: *(arriver au –)* bon signe pour les artistes, les hommes politiques et les sportifs.

C

Cabane: vous êtes une personne naïve.

Cabinet: vous aurez moins de responsabilités.

Câble: vous demanderez à un ami de vous prêter de l'argent;
(coupé) vous renoncerez à un projet trop coûteux.

Cacher (se): vous craignez de ne pas être à la hauteur.

Cadavre: *(voir un –) (d'un ami)* présage bénéfique;
(d'un ennemi) signe de mésaventure prochaine;
(recevoir quelque chose d'un –) ne prenez aucune initiative.

Cadeau: *(recevoir un –) (argent)* vos échéances financières vous inquiètent;
(bijou) vous voudriez qu'un homme puissant vous aide;
(objet) vous vivez chichement.

Cadenas: vous êtes au courant d'un secret.

Cadre: *(de tableau)* vous accordez de l'importance aux apparences.

Cafards: *(voir des –)* beaucoup de travail pour pas grand-chose.

Café: *(bar)* bêtise, méchanceté.

Cafetière: *(en argent)* vous rencontrerez une femme aux revenus modestes;
(en or) vous serez protégé par une femme riche;
(en grès) sachez patienter;

(cassée) esclavage, servitude.

Cage: *(vide)* pour un homme: vous voulez faire des conquêtes féminines; pour une femme: situation amoureuse stable;

(pleine d'oiseaux) adultère, frénésie sexuelle.

Cagibi: *(être dans un –)* vous avez du mal à rembourser vos créditeurs.

Cahier: *(vierge)* vous ne vous connaissez pas bien;

(plein) intrigues amoureuses dont vous n'êtes pas au courant;

(rempli de chiffres) vous êtes très mystérieux.

Calamité: vous craignez d'être abandonné par votre partenaire.

Calcul: *(faire un –)* incertitude, pessimisme.

Calèche: vous allez prendre une excellente initiative.

Calepin: *(perdre son –)* vous avez peur de ne pas pouvoir faire face à vos engagements financiers.

Calice: *(en or)* avarice, cupidité;

(en argent) vous savez vous contenter de ce que vous avez;

(en plomb) un ami vous consolera.

Calmar: vous devrez retarder l'étude d'un dossier de travail.

Calme: *(être)* passivité, manque d'esprit d'initiative.

Calmer: *(quelqu'un)* vous passez trop souvent l'éponge.

Calomnier: vous êtes trop vindicatif.

Calorifère: besoin d'affection, solitude.

Calvaire: *(vivre un –)* vous jouerez un rôle de premier plan.

Camée: *(pierre fine)* hypocrisie, pièges insidieux.

Camélia: douleurs et voyages.

Campagne: *(en été)* sérénité, optimisme, gaieté;

(en hiver) vos projets auront du mal à se réaliser.

Campement: vous désirez de tout votre cœur approfondir les relations qui vous unissent à votre famille d'origine.

Camping: vous vous sentez isolé.

Canal: élargissez le cercle de vos amis.

Canapé: *(être assis sur un –)* période de bonheur, fidélité de votre conjoint.

Canard: une femme impulsive vous mettra des bâtons dans les roues;
(cuit) vous parviendrez à vous débarrasser d'une femme gênante.

Canari: *(qui vole)* vous rencontrerez une femme blonde;
(qui chante) prenez la vie du bon côté.

Cancer: *(avoir un –) (de l'intestin)* baisse de vitalité et manque d'argent;
(du sein) votre enfant va tomber malade;
(du cerveau) vous allez perdre votre maison.

Canne: *(à pêche)* écoutez davantage vos enfants;
(en bois) vous recevrez le soutien moral d'un ami;
(cassée) vous devez vous débrouiller tout seul;
(ayant un pommeau d'or) un homme haut placé vous aidera;
(ayant un pommeau d'argent) possibilité d'une union sereine.

Cannibale: *(être un –)* vous lutterez pour vous enrichir; pour une femme: prostitution;
(voir un –) vous allez perdre une personne chère.

Canoë: vous vous tirerez très bien d'une situation complexe.

Canot: *(de pêche)* vous n'arrivez pas à vous faire des amis.

Cantine: sociabilité.

Capitaine: une nouvelle tragique vous affectera beaucoup.

Câpres: petits ennuis passagers.

Capturer: *(un animal)* vous vous comportez avec ostentation;
(un homme) vous éliminerez vos adversaires.

Capucin: *(moine)* une affaire va s'arranger.

Caravane: *(voir une –)* vos ennemis ne peuvent plus rien contre vous.

Carder: *(de la laine)* ne voyagez pas en ce moment.

Carême: *(observer le –)* vous n'êtes pas fier de votre passé.

Caresser: *(des animaux domestiques)* vous devriez vous faire de nouveaux amis, vous vivez trop isolé;
(sa femme) vous souhaitez être bien vu par votre employeur;
(son mari) la santé de votre père vous préoccupe;
(ses parents) essayez de dépenser moins, vos économies vont fondre comme neige au soleil;
(son amant [e]) vous adorez le luxe et la vie de château.

Carnaval: vous vous disputerez avec un être cher.

Carottes: vous êtes attaché à vos habitudes.

Carrefour: *(se trouver à un –)* perplexité, hésitation.

Carrosse: *(voyager dans un –)* aventure amoureuse en vue.

Cartes: *(à jouer)* compétitivité, risque de conflit.

Cascade: *(d'eau)* vous ne manquez pas de bonnes idées.

Caserne: *(voir une –)* vous êtes trop conformiste.

Casque: grande confiance en soi.

Casquette: vous détestez voyager.

Casserole: *(sur le feu)* vous êtes las de votre vie tranquille;
(laver une –) symbole d'une femme avisée.

Cassoulet: *(manger du –)* essayez de réduire votre impulsivité.

Castagnettes: narcissisme, prétention.

Cavalier: *(voir un –)* vous craignez un homme haut placé.

Cave: *(se trouver dans une –)* votre cœur est brisé.
Caveau: *(dormir dans un –)* vous ne trouvez pas de travail;
(être inhumé dans un –) indépendance financière, mariage.
Caverne: perte d'un bien précieux.
Cèdre: vous hériterez d'un parent éloigné.
Ceinture: vous voudriez pouvoir arrêter le temps.
Céleri: présage néfaste.
Cellule: *(être dans une –)* absence d'imagination.
Cendres: vous allez connaître la misère.
Centaure: vos projets ne se réaliseront qu'à moitié.
Centre commercial: indécision, perplexité.
Cercle: *(voir un –)* vous serez malheureux en amour;
(d'argent) vous vivrez un amour paisible;
(d'or) votre bonheur est menacé.
Cercueil: *(vide)* vous avez déjoué un piège;
(contenant un mort) une femme blonde est en danger de mort.
Cerf: une affaire mal partie se terminera bien.
Cerf–volant *(faire voler un –)* ne négligez pas votre santé.
Cerises: *(manger des –)* désir de volupté.
Cerveau: *(voir un –)* diplomatie, clairvoyance.
Chaîne: complication des affaires; mariage raté;
(briser une –) liberté, recherche d'emploi.
Chair: *(humaine)* vos peines seront de courte durée.
Chaise à porteurs: *(être sur une –)* amélioration de la situation, fin de la plupart de vos ennuis.
Châle: *(sur les épaules)* vous manquez d'affection.
Chaleur: *(souffrir de la –)* vous haïssez quelqu'un.
Chalut: vous allez tendre une embuscade à un adversaire.
Chamailler (se): vous méditez une vengeance féroce.

Chambre: *(luxueuse)* vous êtes ambitieux sans le savoir; *(meublée à l'ancienne)* vous n'êtes pas très exigeant; *(sale)* vous ne savez plus où vous en êtes.

Chambre nuptiale: mariage réussi, excellente entente du couple.

Chambrée: *(d'un collège)* vous ne progressez plus; *(d'une caserne)* vous êtes obséquieux vis-à-vis de vos supérieurs.

Chameau: vous vous remettrez d'une frayeur.

Chamois: vous voudriez avoir votre indépendance.

Champ: *(de blé)* vous jouissez d'une grande aisance matérielle; *(de fleurs)* ne prenez pas trop de risques en ce moment.

Champignons: vos collègues veulent vous mettre des bâtons dans les roues.

Champion: *(être un –)* crainte de ne pas faire carrière.

Chance: *(avoir de la –)* vous ne serez pas là au bon moment.

Chancelant: *(être –)* vous avez besoin de prendre des vacances.

Chanceler: vous hésitez à prendre une décision.

Chandelier: prenez garde au feu.

Changement: *(de maison)* vous ne vous sentez pas épanoui; *(de pays)* vos horizons sont limités.

Changer (se): *(de vêtements)* vous vous connaissez mal.

Chanoine: symbole d'une personne désintéressée.

Chant: *(entendre un –)* une femme vous flattera.

Chanter: ne voyez pas tout en noir.

Chanteur: bon signe, gains d'argent assurés.

Chanvre: *(tissu de –)* vous avez une vie très simple.

Chapeau: *(porter un –)* succès auprès du public.

Chapon: on vous tend une embuscade.

Char: *(monter sur un –)* vous êtes de plus en plus puissant;
(descendre d'un –) déshonneur;
(voir un –) la victoire va vous passer sous le nez.

Charbon: *(qui brûle)* votre réputation va être remise en cause;
(éteint) personne ne s'intéresse à vous.

Chardon: votre légèreté vous jouera des tours.

Chardonneret: *(en cage)* jalousie injustifiée.

Charger: *(des marchandises)* gain inattendu.

Chariot: *(chargé d'objets)* bref voyage ou changement de situation.

Charité: *(faire la –)* vous voulez sortir de votre isolement.

Charlatan: *(parler à un –)* succès de courte durée.

Charmer: *(quelqu'un)* vous sauverez les apparences.

Charmeur: *(de serpents) (être un –)* vous l'emporterez sur tous vos ennemis.

Charrette: *(tirée par des chevaux)* dénouement positif d'une affaire mal partie.

Charrue: noces dans votre famille.

Chas: *(d'une aiguille)* optimisme, joie de vivre.

Chasse: *(à courre)* présage néfaste, sauf si vous avez égaré un objet; dans ce cas-là, vous le retrouverez;
(aux papillons) vous avez une imagination débordante;
(au faucon) vous ferez taire une personne qui vous importune.

Chasser: *(des animaux)* vous sortirez victorieux d'un conflit;
(quelqu'un) ne jouez pas les victimes.

Chasseur: vos projets se concrétiseront.

Chat: hypocrisie, trahison;
(le sien) pour une femme mariée: votre mari vous trompe;
(n'importe quel –) pour une femme: vous avez un amant secret; pour un homme: votre femme ou votre amante vous trompe;
(dont la queue est coupée) fin d'une relation amoureuse;
(plusieurs chats) bavardages médisants à votre sujet.

Chat-huant: période de calme dans les affaires.

Châtaigne: vous avez bon cœur malgré votre mauvais caractère.

Château: *(abandonné)* vous redoutez l'imprévu;
(luxueusement meublé) vous êtes plus ambitieux que vous ne le pensez.

Chatouilleux: *(être –)* amour insouciant et sans problème.

Châtrer: *(des chevaux)* pour une femme: refus d'une proposition amoureuse; pour un homme: perte d'une occasion intéressante;
(des chats) pour une femme: volonté de se venger de son amant; pour un homme: peur des rivaux.

Chaudière: vous allez vous enrichir.

Chaudron: ne supportez plus votre malheur en silence.

Chauffe-mains: manque d'ardeur au travail.

Chauffer (se): vous surmonterez une épreuve difficile grâce à votre formidable ténacité.

Chausser: *(des souliers)* vous souffrez d'un manque de liberté.

Chaussures: *(étroites)* vous croulez sous les responsabilités;
(confortables) prestige social, situation matérielle aisée;

(retirer ses –) vous allez retrouver votre liberté et votre indépendance morale;
(de montagne) souffrances, devoirs coûteux.

Chauve: *(être)* votre pessimisme est justifié.

Chauve-souris: vos craintes ne sont pas fondées; présage favorable pour les femmes enceintes.

Chaux: lettre ou coup de téléphone déplaisant.

Chemin de fer: *(voir un –)* considérations amères.

Cheminée: *(avec du feu)* amélioration de la situation;
(sans feu) perte d'argent;
(sur un toit) vos amis vous sont très attachés.

Chemise: *(porter une)* vous vous consolerez d'une peine récente.

Chêne: vous pourrez compter sur un vieil homme ou sur un personnage riche et puissant;
(déraciné) mort d'une personne âgée.

Chenille: tractations interrompues.

Chercher: *(quelque chose)* vous n'êtes pas sûr de vos opinions.

Cheval: *(voir un –)* symbole d'une femme courtisée par plusieurs hommes;
(en liberté) possibilité de réussite sociale;
(en captivité) dispute entre amis;
(au galop) vous perdrez une excellente occasion de vous faire connaître.

Chevalet: conquêtes difficiles en perspective.

Chevaucher: *(un cheval blanc)* triomphe absolu;
(un cheval noir) vous êtes mêlé à un scandale retentissant.

Cheveux: *(longs)* pour une femme: bel avenir; présage également positif pour les artistes et les acteurs;

(courts) vous gagnerez beaucoup d'argent sans vous fatiguer;
(faux) maladie des poumons;
(ne pas avoir de –) pauvreté et vieillesse.

Chevilles: sachez faire les bons choix.

Chevreau: bonheur sentimental.

Chèvres: *(blanches)* stabilité financière;
(noires) santé médiocre, résultat incertain d'une affaire.

Chicorée: vous recevrez de l'argent liquide.

Chien: *(de chasse)* rentrées d'argent inattendues;
(de garde) excellente situation sous tous points de vue;
(qui grogne) vous ne supportez plus les vexations;
(joyeux) escroqueries et scandales;
(blanc) vous devez affronter un ennemi;
(noir) ne faites pas trop confiance aux autres;
(tacheté) un grave conflit vous empêche d'aller de l'avant;
(le sien) symbolise l'état d'âme du rêveur;
(en laisse) votre voiture va être endommagée.

Chienne: *(avec des chiots)* mettez vos idées en pratique;
(au poil clair) vous allez vivre un événement heureux;
(au poil sombre) vous en voulez farouchement à quelqu'un.

Chiffons: *(être vêtu de –)* infamie publique, scandale.

Chiffres: *(écrits)* méfiez-vous de ceux qui veulent vous nuire;
(dictés) chance au jeu.

Chiourme: *(sur un bateau)* bouleversement dans les affaires.

Chirurgien: *(qui opère)* un changement vous sera favorable.

Chocolat: ne vous laissez pas faire par vos supérieurs.
Choléra: *(avoir le –)* vous résoudrez des problèmes sans importance.
Chou: présage funeste pour les artistes.
Chouette: faites attention aux voleurs.
Chrysalide: *(être une –)* changements en vue.
Chuchoter: astuce, finesse.
Cible: vous n'avez pas de but dans la vie.
Cicatrice: *(avoir une –)* vous avez souffert d'un chagrin d'amour dans le passé.
Cidre: vous vivez dans le luxe sans en avoir les moyens.
Ciel: *(nuageux)* la chance n'est plus avec vous;
(bleu) vous retrouverez un objet perdu; présage bénéfique pour les voyageurs.
Cigale: vous êtes fataliste.
Cigare: *(fumer un –)* une occasion inespérée s'offrira à vous.
Cigarette: *(fumer une –)* vous prenez votre temps.
Cigogne: *(voir une –)* méfiez-vous des femmes qui agissent de façon intéressée.
Cils: *(touffus)* vous ne voulez pas savoir la vérité.
Cimeterre: *(posséder un –)* affrontements verbaux qui auront de graves conséquences.
Cintre: prises de bec sans importance.
Cire: *(objets en –)* vous allez perdre toutes vos illusions.
Cirer: *(des chaussures)* vous êtes satisfait d'avoir atteint vos objectifs conformistes;
(un objet) vous avez besoin de sauver les apparences.
Cirque: *(être au –)* désir de garder l'anonymat.
Ciseaux: écartez de vos affaires une personne hypocrite et dangereuse.
Citadin: *(être un –)* vous désirez une vie plus simple.

Citerne: *(vide)* vous n'avez plus d'objectifs.

Citron: vous remporterez un succès mérité.

Citrouille: *(manger de la –)* vos nombreuses illusions vous empêchent de voir la réalité en face.

Civière: *(transportant un blessé)* vous craignez de ne pas être à la hauteur des tâches que l'on vous a confiées; *(transportant un mort)* vous vivrez dans l'adversité. *(vide)* vous êtes hypocondriaque.

Claquer des dents: crainte de perdre son emploi.

Clavier: *(du piano)* une personne vous semble énigmatique.

Clefs: *(tenir des –)* ne faites pas faux bond à vos amis.

Clinique: vous préféreriez ne pas avoir à faire un choix.

Cloche: *(qui sonne)* désir de rompre avec les habitudes.

Clocher: vous vivrez une relation durable.

Clous: symbole d'infirmité.

Clown: *(voir un –)* quelqu'un se moque de vous en vous flattant.

Cocarde: vous participerez à une manifestation publique.

Cocher: quelqu'un va prendre des directives.

Cochon: *(voir un –)* succès et chance en perspective; *(manger de la viande de –)* réussite dans tous les domaines.

Cocon: *(du ver à soie)* vous avez peur de vieillir.

Cocu: *(être)* obstination, orgueil excessif.

Code: *(consulter un –)* discussions, conflits.

Cœur: *(blessé)* l'amour altère vos facultés mentales; *(d'or)* maladie cardiaque; *(d'un inconnu)* vous savez lire dans la pensée d'autrui.

Coffre: *(voir un –) (vide)* ne soyez pas si indécis, agissez; *(rempli de linge)* vous avez une santé de fer;

(rempli de pièces d'or) vous n'avez pas de problèmes matériels.

Coiffeur: *(être chez le –)* épuisement physique et moral; *(qui coupe des cheveux)* santé incertaine; *(qui fait la barbe)* perte d'estime et de considération; *(qui fait une mise en plis)* joie, allégresse, bonheur spirituel; *(qui peigne)* vous serez rétrogradé; *(hors de sa boutique)* vous recevrez une réponse en retard.

Coiffure: *(compliquée)* gains faciles; chagrin d'amour.

Coin: *(se trouver dans un –)* vous vous comportez en victime.

Col: *(relevé)* vous avez besoin de protection.

Colère (se mettre en): *(par jalousie)* instabilité affective; *(en affaires)* vous avez peur de finir dans la misère; *(contre ses parents)* vous ne savez pas comment résoudre un problème d'ordre professionnel.

Colifichets: une femme vous met des bâtons dans les roues.

Colique: vous souffrez de troubles circulatoires.

Colis: *(recevoir un –)* on essaie de nuire à votre carrière.

Collection: *(de timbres)* amour du luxe, snobisme; *(de livres)* vous croyez à la sagesse des Anciens; *(d'armes)* vous vous laissez manipuler sans réagir; *(de médailles)* vous êtes résigné à renoncer au succès; *(de voitures)* vos espoirs de jeunesse ont été déçus.

Collège: *(se trouver dans un –)* vous échapperez à une mission ennuyeuse.

Collier: *(porter un –)* pour une femme; bonne réputation, estime publique; pour un homme: manque de sérieux dans le travail;

(de perles de culture) vous regrettez un être cher; *(dans une vitrine)* tous les espoirs vous sont permis; *(de chien)* vous allez être impliqué dans un scandale.

Colline: petites contrariétés passagères.

Collision: *(de voitures)* événement négatif que vous avez prévu.

Colonnade: *(voir une –)* persévérez, vos efforts seront récompensés.

Colonne: pour une femme: sensualité réprimée; pour un homme: ambition de réussite sociale et de gloire.

Colorier: servez-vous davantage de votre imagination.

Colosse: *(voir un –)* sensation d'appréhension, méfiance.

Combattre: efforts, luttes, problèmes à résoudre.

Combinaison: *(femme en –)* intimité affective, compréhension.

Comète: vous rencontrerez une femme étrange.

Commander: vous obtiendrez un avancement de carrière.

Commencer: *(un travail)* changement amoureux.

Commerce: prospérité, santé florissante.

Commis: *(d'un magasin)* vous serez humilié par l'un de vos subordonnés.

Commissaire-priseur: *(voir un –)* un danger vous guette.

Commode: *(ancienne)* vous avez trop de préjugés.

Communiquer: votre avarice est choquante.

Compagnon: *(se trouver avec un –)* vous redoutez l'avenir.

Compas: vous désirez avoir une vie plus réglée.

Complot: *(de personnes)* vous n'arrivez pas à trouver votre équilibre.

Composer: *(des poésies)* frivolité, insouciance.

Compression: *(subir une –)* vous allez peut-être souffrir d'une maladie intestinale.

Compromettre (se): faiblesse de caractère.

Comptable: *(être)* vos méthodes de travail sont excellentes.

Compter: ambition, envie de réussir.

Comptine: méfiez-vous d'un imposteur.

Concert: votre impulsivité vous empêche de progresser.

Concevoir: *(un enfant)* vous assumez de lourdes responsabilités.

Concubinage: mauvaise nouvelle.

Condamnation: *(à mort)* propositions professionnelles intéressantes; santé incertaine.

Condamné: *(à mort) (voir un –)* vous enviez une personne qui s'apprête à partir en voyage.

Conducteur: *(de train, d'autobus, etc.)* vous n'êtes pas maître de votre destin.

Conduire: *(des chevaux)* vous êtes en pleine forme;
(des mulets) vous êtes indulgent avec les faibles;
(une voiture) vous êtes optimiste, rien ne vous arrête.

Confesser: une personne que vous connaissez va mourir.

Confier: *(à quelqu'un) (des bijoux)* vous recevrez de bonnes nouvelles de l'étranger;
(des animaux) réconciliation, bonne entente avec vos amis;
(des enfants) vous êtes prête à accepter tout changement;
(de l'argent) vous êtes actuellement en parfaite santé;
(un secret) vous savez vous taire.

Confirmation: *(religion)* responsabilités futures.

Confiture: peines de cœur;
(manger de la –) affaires retardées;
(faire de la –) amertume, tromperies.

Congé: vous avez peur de vous retrouver seul.

Congrès: *(assister à un –)* vous vous sous-estimez.

Conquérir: *(quelque chose)* vous n'aimez pas prendre des risques.

Consacrer (se): *(à quelqu'un)* astuce, hypocrisie.

Conseiller: *(quelqu'un)* vous avez besoin d'affection et d'estime.

Consentement: *(de mariage)* obéissance aux lois.

Constellation: mirages, projets irréalisables.

Constipation: avarice, égoïsme.

Construire: *(une maison)* vous sortez d'une période de crise.

Conte: *(écouter un –)* chimères, espoirs déçus.

Contrariétés: *(subir des –)* votre avenir s'annonce très bien.

Contrat: *(signer un –)* vous avez peur de vous faire voler.

Contravention: *(recevoir une –)* vous vous sentez coupable.

Contrebandier: votre vie est trop monotone.

Contrôleur: *(voir un –)* vous avez quelque chose à cacher.

Contusion: une mauvaise action sera dévoilée.

Conversion: *(religieuse)* vous voulez cacher votre caractère.

Convoitise: autodestruction.

Convulsion: *(avoir une –)* scandale, échec.

Copeaux: *(de bois)* vous êtes mal vu par votre entourage.

Coq: votre supérieur est très exigeant;
(avec une poule) mari ou amant fougueux.

Coquelicot: rupture amoureuse.

Coquillage: vous voudriez redevenir un enfant.

Coquille: *(d'œuf)* vous n'avez pas d'objectifs dans la vie.

Cor: *(avoir un – au pied)* petits ennuis passagers.

Corail: rupture amoureuse.

Corbeau: présage funeste, malheur.

Corbeille: bon présage pour les futurs mariés et pour les hommes d'affaires;
(de fleurs) intrigues, dénonciations;
(de fruits) bonnes affaires en perspective.

Corde: pièges, embuscades;
(craquée) vous surmonterez un obstacle.

Cordonnerie: *(se trouver dans une –)* vous avez trop d'activités.

Cordonnier: *(être un –)* vos efforts seront récompensés;
(pour une femme) bon signe si vous envisagez de vous marier.

Corne d'abondance: méfiez-vous des flatteurs.

Corneille: événement néfaste provoqué par une femme.

Cornemuse: *(jouer de la –)* réunion de famille.

Cornet: *(faire un – de papier)* vous êtes un véritable panier percé;
(de pralines) vous refusez de dévoiler un secret.

Corps: *(gros)* vous devrez vous débrouiller tout seul;
(maigre) il vous tarde d'arriver au but.

Corroyer: *(du cuir)* instabilité amoureuse.

Corsaire: vous refusez de vous accepter tel que vous êtes.

Cosaque: conflit violent non voulu.

Côte: *(se casser une –)* vos ennuis d'argent vont cesser.

Cotisation: *(verser une –)* rivalités en amour.

Coton: *(morceau de –)* contrariétés en perspective;
(vêtements en –) vous vous sentez l'esprit léger.

Cou: *(avoir mal au –)* vous n'êtes pas en bonne santé;
(tranché) mauvaises nouvelles au sujet de vos parents;
(long) excellente période dans tous les domaines.

Coucher (se): indolence, manque d'énergie.

Coucher de soleil: vous repousserez un rendez-vous.

Coude: *(blessé)* inactivité forcée;

(comportant des plaies) chagrins sentimentaux; *(sain)* bonheur en amour.

Coudre: vos efforts finiront par être récompensés.

Couleur: *(rouge)* euphorie, élan, équilibre retrouvé; *(noir)* incertitude, suspicion; *(jaune)* convoitise, jalousie; *(turquoise)* besoin de tranquillité; *(orange)* vitalité, créativité; *(violet)* recueillement, spiritualité.

Couleuvre: *(voir une –)* on essaiera de vous empêcher d'atteindre vos objectifs par tous les moyens; *(engendrer une –)* la santé de votre enfant vous inquiète.

Coup d'épaules: *(dans une porte)* vous ne voulez pas vous rendre à l'évidence.

Coup de bâton: *(recevoir un –)* (sur la tête) vous n'arrivez pas à imposer votre autorité; *(sur les épaules)* vous interromprez momentanément vos activités pour des raisons de santé; *(sur la jambe gauche)* votre frère va tomber malade; *(sur la jambe droite)* difficultés financières; *(sur les mains)* vous éviterez un accident de justesse.

Coup de canon: *(entendre un –)* troubles, peines, tristesse.

Coup de gourdin: *(donner un –)* soyez vigilant, on essaie de vous acculer à la faillite; *(recevoir un –)* malaise spirituel et difficultés matérielles.

Coup de pied: *(donner un –)* vous trouverez un objet précieux; *(recevoir un –) (dans le derrière)* échange verbal qui sera à votre désavantage;

(recevoir un –) (dans la poitrine) maladie et problèmes matériels;
(dans la tête) tristesse de vos parents;
(dans les jambes) pour un homme: manque de virilité; pour une femme: report d'un voyage.

Coup de poing: *(donner un –)* vous obtiendrez un poste de responsabilités;
(recevoir un –) affaiblissement, régression sociale.

Coup de rame: vous l'emporterez de justesse.

Coup de trompette: vous recevrez une lettre de l'étranger.

Coupable: *(être)* vous n'avez pas à avoir de remords;
(se sentir –) vous souffrez d'un complexe d'infériorité.

Couper: *(du bois)* vos peines finiront par s'apaiser;
(du tissu) joie de courte durée;
(se – les ongles) vous paierez une dette et ses intérêts.

Couper en tranches: *(du saucisson)* méfiez-vous d'une femme brune;
(du jambon) un régime vous ferait du bien;
(du pain) vous n'éprouvez aucune émotion.

Coupole: *(d'une église)* vos progrès seront récompensés.

Coups de pierre: *(recevoir des –)* vous tirerez parti d'un inconvénient de taille.

Coupure: *(avoir une –)* hésitations négatives, soucis d'argent.

Cour: ne reportez pas un rendez-vous.

Courir: anxiété, insatisfaction, angoisse;
(nu) vous vous sentez coupable.

Couronne: *(porter une –)* vos ambitions seront déçues.

Courses: *(faire les –)* caractère concret, ressources intérieures.

Coursier: vous aimeriez qu'un événement imprévu vienne modifier votre vie.

Coussin: *(s'appuyer à un –)* vous êtes sans défense; *(brodé)* une personne hypocrite vous flattera.

Couteau: dispute entre amis;
(cassé) vous êtes en harmonie avec votre prochain.

Couvent: *(être dans un –)* vous menez une vie très mondaine.

Couver: présage positif pour les artistes, les acteurs et les hommes d'affaires.

Couvercle: *(retirer le – d'une casserole)* vous apprendrez quelque chose que l'on avait essayé de vous cacher.

Couverts: *(utiliser des –) (en or)* richesse, estime d'autrui;
(en argent) dignité, timidité, réserve;
(en fer) stabilité de la situation;
(en bois) amour de la nature, tempérament calme et serein.

Couverture: vous avez besoin de vous sentir protégé.

Couveuse: *(pleine de poussins)* dispute entre conjoints.

Couvrir (se): *(les yeux)* vous traversez une période sombre.

Crabe: vous supportez mal l'agressivité et l'hypocrisie d'une personne.

Cracher: *(du sang)* dispute en famille;
(à la tête de quelqu'un) crainte, rancœur réprimée;
(des injures) vous en avez assez de vous faire humilier.

Crainte: *(vivre dans la –)* vous vous montrez plus indépendant de caractère que vous ne l'êtes réellement.

Crâne: *(voir un –)* considérations philosophiques, sages pensées.

Crapaud: votre naïveté vous perdra.

Crécelle: elle symbolise une femme légère et insouciante.

Crèche: *(voir une –)* imagination étouffée.

Créditeur: *(tomber sur un –)* votre perspicacité vous permettra de remporter de nombreux succès; pour une femme: crainte d'être punie pour adultère.

Crème fraîche: *(manger de la –)* vous vivez dans le luxe.

Crème glacée: défaite masquée en victoire.

Crépitement: *(de la pluie)* bonheur inattendu.

Crépuscule: repos mérité.

Crête: *(de coq) (avoir une –)* irascibilité, susceptibilité.

Creuser: *(la terre)* bon présage pour les agriculteurs; pour les autres: ennuis inattendus mais passagers.

Crevasse: *(tomber dans une –)* vous avez l'esprit troublé.

Crier: *(de peur)* conflits à résoudre.

Crin: *(de cheval) (sur la tête)* maladie, misère.

Crinoline: vous aimez dire des mensonges.

Crique: *(au bord de la mer)* apprenez à ménager les personnes qui vous sont utiles.

Crochet: vous éloignerez de vous une personne agaçante.

Crocodile: un homme vous veut du mal.

Croiser: *(les jambes)* inactivité, oisiveté.

Croix: *(voir une –)* vous êtes une personne irresponsable.

Croque-mort: vos craintes au sujet de votre santé ne sont pas fondées.

Crottin: embrouilles, supercheries.

Cruche: *(avoir une –)* vous allez tomber amoureux.

Crucifié: *(être)* votre position sociale élevée vous donne des soucis et des motifs d'inquiétude.

Cueillir: *(des fleurs)* vos affaires vont mal;
(des fruits) vous vivez avec passion.

Cuiller: une personne vous aime à votre insu.

Cuisiner: votre avenir sera compliqué.

Cuisinier: *(voir un –)* vous êtes un maniaque de l'ordre.

Cuisses: *(de femme)* idées fécondes, sensualité;

(d'homme) joies, stabilité financière;

(blessées) problèmes de famille, un enfant vous procurera des ennuis;

(de poulet) vous ferez taire une femme médisante.

Cuivre: *(objet en –)* discours flatteurs.

Culbute: *(faire une –)* on essaie d'entraver vos projets, mais vous les mènerez à bien dans de brefs délais.

Culte: *(se dédier à un –)* votre vie va connaître un grand bouleversement lorsque vous atteindrez l'âge mûr.

Cultiver: *(un champ)* confiance en l'avenir, efforts récompensés.

Cupidon: période de chagrins sentimentaux.

Cygne: présage bénéfique si vous êtes musicien, funeste si vous êtes malade.

Cylindre: vous savez prendre les choses avec humour.

Cyprès: une situation fatigante va se prolonger.

D

Daim: pour une femme: timidité, grâce; pour un homme: libertinage, perversion sexuelle.

Damné: *(être –)* vous avez la sensation d'avoir commis des erreurs.

Danger: *(être en –)* confiez votre désespoir à un ami.

Danse: vous devez effectuer un travail urgent.

Danser: vous ferez une dépense imprévue.

Danseuse: vous devrez venir à bout d'une controverse.

Dard: vous n'utilisez pas la bonne tactique.

Dauphin: présage bénéfique; votre situation va bientôt connaître de nettes améliorations.

Dé à coudre: *(en or)* vous gâtez trop vos enfants;
(en argent) vous êtes dans le juste milieu;
(en fer) vous êtes trop sévère avec vos enfants.

Débander: vous trouverez facilement la réponse à vos questions.

Débarquer: *(quelque part)* repos mérité après de durs efforts.

Débattre (se): *(dans les problèmes)* nécessité de faire un choix.

Débauchés: *(voir des –)* envie d'anticonformisme.

Déborder: *(voir de l'eau –)* gâchis, dépenses inutiles.

Déboutonner: *(ses vêtements)* prodigalité excessive.

Débris: faillite financière et morale.

Début: *(d'un chemin)* vous aurez du mal à vous lancer.

Décaper: pour une femme: vous serez exploitée par un homme cynique.

Décapiter: vous manquez de scrupules.

Décharge: *(signer une –)* vous vous croyez supérieur aux autres.

Décharger (se): *(d'un poids)* devoir inaccompli;
(d'une responsabilité) pour un malade, c'est un signe de mort; pour un bien portant: résolution d'un problème.

Déchirer: *(des papiers)* malentendus avec la personne aimée;
(une lettre) bavardages futiles;
(des vêtements) convoitise, jalousie.

Déclaration: *(d'amour)* vous voulez être flatté.

Décoction: *(boire une –)* enfance malheureuse.

Déconseiller: *(son père)* avidité, soif d'argent;
(sa mère) vos affaires vont se ralentir légèrement;
(son frère) vous dominerez vos adversaires avec brio;
(sa sœur) conflit au sujet des objectifs à poursuivre;
(ses enfants) vous voulez vous libérer d'un fardeau;
(sa femme) niveau de vie irrégulier;
(son mari) vous n'avez pas assez confiance en vos capacités;
(son amant [e]) mésentente passagère.

Décor: *(voir un –)* situation à clarifier.

Découdre: perfidie, méchanceté.

Découper: *(un poulet)* vous traiterez une femme avec mépris;
(du tissu) vous avez besoin de luxe.

Découragé: *(être –)* état de santé médiocre.

Découvrir: *(des objets)* un parent éloigné va venir vous voir.

Défaite: *(subir une –)* votre manque de courage vous nuira;
(infliger une –) audace, force de caractère;
(éviter de justesse une –) tristesse, perplexité.

Défenses: *(d'éléphant) (avoir des –)* force de caractère, esprit de décision.

Déféquer: *(dans un lieu public)* vous risquez d'être impliqué dans un scandale;
(au lit) rupture définitive avec la personne aimée;
(chez soi) déménagement;
(à l'église) vous vous attirez la haine d'une personne haut placée.

Déficeler: *(un paquet)* vos convictions ne reposent sur rien.

Défier: *(quelqu'un au jeu)* vous êtes sûr de vous.

Défiguré: *(être –)* période sombre dans tous les domaines.

Défilé: *(militaire)* vous ne participez pas à la vie publique.

Défloraison: vos peines vont s'apaiser rapidement.

Défoncer: *(une porte fermée)* audace, énergie au travail.

Dégager (se): *(de quelqu'un)* vous surmonterez un obstacle.

Dégainer: *(son épée)* vous êtes prévoyant et c'est une bonne chose.

Dégeler: période dynamique, bonnes nouvelles.

Dégonfler (se): un héritage vous apportera le bien-être.

Dégoût: *(éprouver du –)* sexualité réprimée et extravagante.

Dégoûté (être): *(de son travail)* vous remporterez une victoire en ayant recours à la force.

Dégrafer: *(des vêtements)* désirs sexuels.

Dégringoler: *(d'un toit)* folie, troubles psychiques;
(d'une fenêtre) vous êtes incompris par vos parents;
(d'un pont) souffrances morales et physiques;
(d'un arbre) perte de prestige.

Déjeuner: *(à l'extérieur)* nouvelles ouvertures, voyages, avancement de carrière;
(au restaurant) vous êtes trop indulgent avec vous-même;
(chez soi) vous avez besoin d'être rassuré;
(à la campagne) bonheur que vous n'attendiez plus.

Délacer: *(ses chaussures)* vous sortirez d'une situation contraignante.

Déluge: calomnies, amis déloyaux.

Démailloter: *(un nouveau-né) (le sien)* vos inquiétudes sont justifiées, mais ne cédez pas à l'affolement;
(celui d'un autre) circonstances défavorables qui tourneront toutefois à votre avantage.

Demande: *(faire une –)* vous avez une nature désinvolte.

Démangeaison: vous vous sentez étouffé par votre partenaire.

Démasquer: *(quelqu'un)* vous déjouerez un complot à temps.

Démentir: *(quelqu'un)* arrogance, esprit téméraire.

Démissionner: vous avez trop d'obligations professionnelles.

Demoiselle d'honneur: nostalgie, amertume.

Démolition: *(d'un édifice)* vous traversez une période de réflexion spirituelle.

Dénicher: *(des souris)* dispute avec une maîtresse de maison ou avec vos enfants;

(des bandits) courage excessif, inconscience;
(un objet) la chance va vous sourire, profitez-en.

Dénoncer: *(quelqu'un)* vous êtes lâche et peureux.

Dentelle: vous êtes frivole et inconscient.

Dents: *(chute des molaires)* vous perdrez un être cher ou un objet auquel vous teniez beaucoup;
(chute des canines) vous paierez vos dettes;
(chute des incisives) vous n'obtiendrez rien avec des discours;
(chute de toutes vos dents) votre maison restera inhabitée;
(en or) danger d'incendie; réussite assurée pour les hommes politiques et les écrivains;
(plombées) honte et déshonneur;
(qui repoussent) changement positif dans votre vie.

Départ: affrontez vos problèmes avec courage.

Dépasser: *(une voiture)* avancement de carrière.

Dépenser: vous gagnerez plus d'argent que prévu.

Déposer: *(quelque chose)* vous vous débarrasserez d'une tâche ennuyeuse.

Dépôt: *(de marchandises)* vos idées sont infructueuses.

Dépoussiérer: *(des meubles, des objets)* séparation, amour malheureux.

Dépravé: *(être)* abstinence, frustrations.

Dépuceler: *(une jeune fille)* la révélation d'un événement occulte aura des conséquences négatives;
(se faire –) vous ne bénéficierez d'aucun gain.

Député: *(être un –)* période sombre.

Dérober: *(un objet)* astuce, carrière.

Dés: *(jouer aux –)* événements heureux en perspective.

Désaccord: *(avec la personne aimée)* votre liaison est solide;

(avec vos amis) vous voulez dominer vos rivaux;
(entre femmes) petits problèmes passagers.

Descendre: soyez plus motivé dans votre travail.

Désencombrer: *(une maison)* renouvellement spirituel, nouvelles initiatives;
(un grenier) vous romprez définitivement avec le passé;
(une pièce) vous n'avez pas toujours très bon caractère.

Désenfiler: *(des perles)* votre chagrin d'amour sera vite oublié.

Désert: *(se trouver dans un –)* vous ne savez pas vous décider.

Déserteur: *(être un –)* vous vous montrez trop audacieux.

Déshabiller (se): *(pour aller se coucher)* vous rencontrerez des problèmes dans votre futur travail.

Déshériter: *(ses enfants)* vous vieillirez dans la solitude.

Désir: *(physique)* pour une femme: humiliations; pour un homme: aspiration à s'enrichir.

Désobéir: vous êtes trop soumis.

Désordre: vous vivrez des événements inhabituels.

Détacher: *(des vêtements)* vous avez peur de vous compromettre.

Détail: *(s'arrêter à un –)* vie insouciante et sereine.

Déterrer: *(des pièces de monnaie)* vous recevrez de l'argent en héritage;
(des morts) événement funeste;
(des objets anciens) vous allez probablement intenter un procès.

Détruire: *(quelque chose)* les remords vous poursuivent.

Dette: *(avoir une –)* un événement vous rendra heureux.

Deuil: *(être en –)* vous ne penserez plus à vos problèmes.

Dévergondage: votre vie est très monotone en ce moment.

Dévêtir: *(une femme)* ignominie, perte de prestige;
(un enfant) danger imminent;
(un inconnu) vous avez peur de vous faire voler.

Dévider: *(un écheveau de laine)* présage bénéfique; vous sortirez d'une situation complexe; pour une femme: une liaison amoureuse se conclura par un mariage.

Devin: prévisions fausses et privées de fondements;
(être un –) vous deviendrez un expert dans votre branche;
(interroger un –) graves préoccupations dans différents domaines.

Devise: *(entendre une –)* avertissement à écouter.

Devoir: *(faire un –)* vous avez peur de vous tromper.

Dévorer: *(se faire – par des bêtes féroces)* vos adversaires réussiront à l'emporter sur vous.

Diable: aventure amoureuse coupable.

Diadème: *(posséder un –)* amour insolite.

Diamant: illusions de courte durée.

Diarrhée: vous allez changer radicalement d'opinion.

Dicter: vous avez peur de ne pas savoir éviter les pièges et de ne pas réussir votre carrière.

Difficulté: *(surmontée)* vous ne vous découragez pas facilement.

Dindon: *(voir un –)* symbole d'une femme âgée autoritaire.

Dîner: *(avec ses parents)* vous n'avez aucun problème d'argent;
(avec des amis) méfiez-vous des commérages;
(avec ses enfants) vous croulez sous les responsabilités.

Diplomate: *(voir un –)* les circonstances vous seront favorables.

Diplômer (se): vous ferez de nombreuses conquêtes amoureuses.

Directeur: *(ou directrice)* vous refusez les responsabilités.

Discrédité: *(être –)* vous avez un complexe d'infériorité.

Discuter: bon présage pour les philosophes, les lettrés et les hommes politiques; inactivité, manque de travail pour les femmes et les commerçants.

Disette: vos mérites seront enfin reconnus.

Disparaître: malchance, infirmité.

Dispute: confusion, tromperies.

Disséqué: *(être –)* secrets révélés, scandales en vue, condamnations judiciaires.

Disséquer: *(quelqu'un)* vos actes nuiront à une personne.

Dissertation: *(composer une –)* un problème vous obsède.

Dissimuler (se): vous aimeriez venir à bout de vos problèmes.

Distribuer: *(de la nourriture)* vous faites souffrir les autres;
(des prix) soyez plus ouvert dans vos relations avec autrui.

Divan: *(confortable)* votre niveau de vie est satisfaisant;
(branlant) votre conjoint ne vous donne pas assez d'affection.

Divorcer: instabilité conjugale mal supportée.

Docteur: vous avez besoin d'un conseiller.

Doctrine: *(apprendre une –)* désir d'expansion.

Doigts: *(perdre ses –)* surmenage professionnel;
(avoir trop de –) inactivité, oisiveté forcée.

Domestique: il vous symbolise; son état de santé correspond au votre;
(avoir des rapports sexuels avec un –) enrichissement prochain.

Domestiquer: *(des animaux en général)* astuce instinctive;
(des lions) refoulement des instincts sexuels;
(des tigres) vous guérirez d'un trouble de la vue.

Don: *(faire un –)* présomption, prévarication;
(recevoir un –) ambiguïté d'un ami.

Donner: *(la main)* vous dépendez de la personne aimée;
(un pourboire) vous êtes très sûr de vous;
(à boire) vous avez plus d'argent qu'il ne vous en faut;
(à manger) ne créez pas d'ennuis à vos proches involontairement;
(un cadeau) mépris, orgueil.

Dorer: vous accordez trop d'importance aux apparences.

Dormir: manque d'énergie, inactivité, fatigue.

Dos: *(d'un animal)* vieillesse sereine.

Dossier: *(s'appuyer à un –)* situation stable et durable.

Doubler: *(un vêtement)* résignation.

Doué: *(être – dans son travail)* votre orgueil vous vaudra des ennemis.

Douleurs: *(avoir des –)* un problème professionnel vous empoisonne la vie.

Doute: *(avoir un –)* arrogance, présomption.

Dragées: *(manger des –)* douleurs physiques.

Dragon: richesse, pouvoir et amour;
(tuer un –) vous vous brouillerez avec une personne influente.

Drame: *(au théâtre)* vous n'osez pas participer aux manifestations publiques.

Drapeau: vous ne savez pas prendre une décision.

Draps: *(rouges)* revanche;
(brodés) victoire assurée;
(étendre des –) maladie mortelle.

Dresser: *(la table)* vous savez conserver votre rang social.
Dromadaire: vous vivrez une aventure terrifiante.
Duel: jalousie maladive;
(provoquer quelqu'un en –) vous désirez rester maître de la situation.
Duo: complication due à une rivalité entre deux femmes.
Duper: *(un estropié)* malaise, tristesse;
(un vieillard) vous avez peur de mourir jeune;
(un bossu) conformisme;
(un aveugle) vous n'arrivez pas à faire la lumière sur une affaire compliquée;
(un pauvre) rentrée d'argent prochaine.
Durée: *(de la vie)* prémonition trompeuse.
Dureté: *(d'un objet)* obstination excessive.
Duvet: *(être sous un –)* luxe et générosité.

E

Eau: *(courante)* voyages en perspective;
(trouble) risques d'accidents;
(limpide) enrichissement rapide;
(de rivière) danger en vue;
(de source) présage bénéfique, fortune, guérison des malades;
(de marais) vos affaires tournent au ralenti;
(de mer) changements possibles ou voyages;
(de lac) le moment est mal choisi pour prendre des décisions.

Ébahir: *(quelqu'un)* idées astucieuses mais mensongères.

Ébène: *(objet d'–)* vous aurez affaire à une personne têtue.

Ébéniste: vous êtes trop tatillon.

Ébouriffé: *(être –)* ennuis et incidents divers en vue.

Écailler: *(un poisson)* évitez de vous énerver pour un rien.

Écarquiller: *(les yeux)* activité intense, sens de la diplomatie.

Écarteler: *(se faire –)* on essaie de prendre votre place.

Écarter: *(quelque chose)* prudence et réserve sont de rigueur.

Échafaud: *(être sur l'–)* vous voulez vaincre un adversaire.

Échange: *(d'objets)* liens affectifs très profonds.

Échappatoire: *(trouver une –)* optimisme, habileté à surmonter les périodes de crise.

Échapper: *(à un danger)* vie difficile affrontée avec courage.

Écharpe: *(au cou)* égoïsme, insensibilité.

Échasses: perte d'un procès pour ceux qui ont des ennuis judiciaires; pour les autres: maladie ou séjour à l'étranger.

Échecs: *(jouer aux –)* richesse, avarice.

Écheveau: régression des affaires.

Écho: *(entendre l' –)* votre santé va se détériorer;
(pour un malade) présage néfaste.

Éclabousser: *(de la boue)* succès obtenu de façon malhonnête.

Éclaboussure: *(de boue)* petits ennuis sans gravité.

Éclair: *(voir un – dans le ciel)* événement insolite.

Éclairer: *(une maison)* vous commencez à connaître vos défauts;
(une forêt) on découvrira que vous avez des lacunes;
(une église) peurs, angoisse;
(une route) vous savez quelle est la décision à prendre.

Éclipse: *(de soleil)* perte de biens;
(de lune) perspectives positives.

École: *(être à l' –)* vous regrettez le temps où vous n'aviez aucun souci d'argent.

Écorcher: *(un animal)* vous triompherez de vos adversaires;
(un homme) vous vous enrichissez sans le moindre scrupule.

Écouter: *(de la musique)* trop de personnes vous sollicitent;
(derrière les portes) vous désirez avoir une vie sociale intense;

(une personne qui parle) une mauvaise nouvelle vous attend.

Écouteurs: *(porter des –)* tristesse passagère d'un parent.

Écrevisse: une personne ne tiendra pas ses promesses.

Écrin: *(posséder un –)* secret coupable.

Écrire: tout va se dérouler pour le mieux;
(de droite à gauche) vous accomplirez un acte malveillant qui nuira à quelqu'un.

Écureuil: une femme ou un collègue se moquera de vous.

Écusson: *(voir un –)* vous ne parviendrez pas à vos fins.

Éden: *(paradis perdu)* votre vie est plate et monotone.

Édenté: *(être –)* votre maison restera déserte; pour les malades: la guérison n'est pas pour demain.

Éduquer: pour une femme: besoin d'être protégée; pour un homme: maladie sénile.

Effacer: vous ne savez pas pardonner.

Efféminé: *(homme)* antipathie pour les femmes; maladie vénérienne.

Effigie: de lointains souvenirs vous reviendront à l'esprit.

Effleurer: *(quelqu'un) (d'important)* amélioration certaine;
(de pauvre) perte d'argent.

Effort: *(faire un –)* la situation présente exige toute votre concentration.

Effrayant: *(voir quelque chose d' –)* nouvelle catastrophique.

Effrayer (s'): période difficile sur tous les plans.

Église: *(se trouver dans une –)* vous manquez d'affection.

Égorger: *(quelqu'un)* vous serez révolté par un acte inhumain.

Égout: *(se trouver dans un –)* vous avez de nombreux embêtements.

Égoutter: *(du linge)* guérison de l'un de vos parents.
Égratigner (s'): *(le visage)* vous songez au suicide.
Élan: *(prendre son –)* vous sortirez d'une période dépressive.
Élastique: chagrin de courte durée.
Élégant: *(être –)* vous manquez de caractère.
Éléphant: vous affichez votre puissance; pour une femme: vous avez des goûts très particuliers.
Élève: *(être un –)* vous évitez d'affronter vos problèmes.
Élever: *(des enfants)* vous allez connaître de graves préoccupations.
Éloges: *(recevoir des –)* vous subirez une défaite.
Éloigner (s'): *(d'une maison)* un danger vous guette;
(du monde) vous allez commencer une nouvelle vie;
(de son mari) vous allez avoir de graves problèmes financiers;
(de sa femme) vous gagnerez de l'argent en jouant;
(de son amant [e]) c'est un signe de prospérité et de santé;
(de ses amis) pensées agréables et vie sereine.
Émail: *(objet en –)* vous faites bonne impression en public.
Emballer: *(quelque chose)* relation amoureuse illégitime.
Embarquer: déménagement ou changement de position reportés.
Embaumer: *(un animal)* vous éliminerez vos concurrents.
Embellir: *(votre maison)* vous êtes en train d'évoluer sur le plan spirituel;
(une pièce) vous craignez que votre fille ne se marie pas;
(sa personne) vous souffrez d'un complexe d'infériorité.

Embouteillage: *(se trouver dans un –)* crise spirituelle.

Embrasser: *(une personne importante)* vous attendez une rentrée d'argent;
(un ami, ses enfants, etc.) quelqu'un va vous tromper.

Émigrer: vous vivrez une aventure amoureuse sans nuage.

Emmitoufler (s'): vous vous sentez fragile et sans défense.

Empailler: *(des chaises)* vous remédierez à une erreur.

Empêchement: *(avoir un –)* tristesse, perplexité.

Empereur: possibilité de gagner beaucoup d'argent.

Empoisonner: *(un homme)* vous avez des dettes à payer;
(une femme) vos enfants vous donnent des soucis.

Encaisser: *(de l'argent)* vous subirez l'influence d'une personne malveillante.

Encens: vous serez mis au courant d'un secret.

Enchaîner: *(quelqu'un)* présage très favorable.

Enclos: vie modeste mais sans problèmes.

Encrier: naissance prochaine.

Endormir (s'): *(dans un lieu public)* vous cherchez un nouveau travail;
(par terre) oisiveté, inactivité;
(dans la rue) votre vie sentimentale ne vous satisfait pas.

Enduire: *(une crème, une pommade)* une idée vous sera utile.

Enfants: bonnes nouvelles en perspective.

Enfer: vous regretterez d'avoir mal agi.

Enfermé: *(être –)* votre mode de vie ne vous convient plus.

Enfermer: *(quelque chose)* votre jalousie est justifiée.

Enfiler: *(des perles)* larmes et peines de cœur.

Engager (s'): *(dans l'armée)* épuisement physique, besoin de repos.

Engin: vous n'arrivez pas à vous expliquer quelque chose.

Énigme: une personne vous cache ses sentiments.

Enivrer (s'): *(de vin)* votre vie sexuelle ne vous satisfait pas.

Enlèvement: *(d'une personne)* pour un homme: un acte instinctif aura des conséquences désastreuses; pour une femme: votre détermination vous permettra d'obtenir ce que vous voulez.

Enlever: *(quelqu'un)* bon présage uniquement pour les diplomates et les femmes; pour les autres: grossière erreur qu'il faudra réparer.

Ennemis: *(rencontrer des –)* événements négatifs; *(vaincre des –)* événements extrêmement favorables.

Ennuagé: *(ciel)* vous allez laisser passer une bonne occasion.

Ennuyer (s'): vous traversez une période de paresse mentale.

Enrhumer (s'): vous traverserez une période difficile avec courage et vous vous en sortirez.

Enrichir (s'): *(par un héritage)* pensez plus à votre famille;

(en faisant des affaires) vos craintes ne sont pas fondées;

(en volant) vous manquez d'astuce et de diplomatie.

Enroué: *(être –)* mauvais présage pour les écrivains et les hommes politiques; pour les autres: soumission et obéissance.

Ensanglanter (s'): bouleversement de votre vie.

Ensevelir: *(un personnage célèbre)* dépression, isolement; *(un inconnu)* vous recevrez tous les honneurs.

Ensorcelé: *(être –)* vous êtes victime d'une injustice.

Enterré: *(être –)* (vivant) prison; crimes graves;

(dans un lieu public) célébrité, renommée publique.

Enterrement: *(de quelqu'un)* événement positif.

Entrailles: *(voir ses –)* votre avenir s'annonce bien.

Entrebâiller: *(une porte)* timidité, hésitation; *(une fenêtre)* vous craignez de ne pas être à la hauteur de la situation.

Entrée: *(d'un bâtiment)* hésitation, susceptibilité.

Entrer: *(dans un bâtiment)* réflexion, méditation.

Enveloppe: vous ne pourrez pas compter sur une amie.

Envers: *(mettre ses vêtements à l' –)* chômage, misère morale, éloignement de vos amis.

Envoyer: *(une lettre)* tromperies en amour; *(un paquet)* vos supercheries seront découvertes; *(un cadeau)* vous vous vengerez d'un tort subi.

Épargner: ne soyez pas aussi avare et mesquin.

Épaules: *(avoir des –)* *(larges)* succès mérité; *(étroites, souffrantes)* faiblesse de caractère, maladie d'un frère; *(ne pas pouvoir voir ses –)* maladie des yeux.

Épée: *(empoigner une –)* caractère solide, décidé et courageux; *(être frappé par une –)* vous souffrirez à l'endroit du corps où vous serez touché.

Éperons: *(de cheval)* pour une femme: votre amant ne résiste pas à votre charme et ferait tout pour vous; pour un homme: triomphe sur un rival en amour.

Épervier: méfiez-vous d'un escroc dénué de scrupules.

Épicerie: *(se trouver dans une –)* gain au loto.

Épilepsie: *(souffrir d' –)* troubles, conflits avec vous-même.

Épines: amour malheureux; injustices commises par des personnes hypocrites.

Épinette: *(contenant des poules)* autoritarisme avec les femmes.

Épingle: *(à cheveux)* ennui sans conséquence;
(à nourrice) objectif assez trouble.

Épis: *(de blé)* retards de paiement;
(qui poussent sur la poitrine) enfants intelligents et bien éduqués;
(qui poussent sur le sexe) pour une femme: opération des ovaires; pour un homme: perte de virilité.

Épitaphe: *(voir son –)* vous souhaitez connaître la gloire.

Éponge: *(se servir d'une –)* vie aisée et sans problèmes.

Épouiller (s'): événement heureux, fin de vos ennuis.

Épouse: *(s'accoupler avec son –)* avancement de carrière;
(malade) vos affaires vont au plus mal;
(qui se marie avec quelqu'un d'autre) vous tomberez gravement malade.
(dépravée) vous êtes un homme dénué de scrupules;
(voir son –) vous avez quelque chose à cacher;
(morte) désastre financier;
(folle) réussite et insouciance.

Épucer (s'): vous savez éviter les embêtements.

Épuisé: *(être –)* graves soucis d'argent.

Ermite: *(être un –)* vous faites trop souvent la noce.

Éruption: *(d'un volcan)* un événement grave va peut-être bouleverser le cours de votre vie.

Escalader: *(une montagne)* vous refusez de regarder vos difficultés en face.

Escalier: progrès constants; problèmes sexuels non résolus;
(cheval montant un –) rupture avec votre amant [e].

Escargot: symbole d'une personne paresseuse.

Escarpement: décadence sociale.

Esclave: *(être –)* vous serez bientôt libéré de vos soucis.

Escroquer: *(quelqu'un)* votre honnêteté est bien mal récompensée.

Espérer: vous savez rester optimiste face à l'adversité.

Esprits: *(voir des –)* peur que vous ne vous expliquez pas.

Essence: vous avez des sautes d'humeur.

Essuyer: *(des larmes)* un événement heureux vous consolera;

(de la sueur) essayez de travailler avec plus d'ardeur.

Estomac: *(mal d' –)* pressentiment d'un malheur.

Estrade: *(monter sur une –)* petit avancement de carrière.

Estropié: *(voir un –)* vous serez malchanceux.

Étable: *(avec des vaches)* résolutions fermes et réfléchies;

(avec des chevaux) vous tiendrez vos adversaires en respect.

Établissement thermal: bien-être et réussite; les malades retrouveront leur santé.

Étagère: vous menez une vie trop luxueuse.

Étain: scandale et déshonneur.

Étalon: symbole d'un homme sensuel et violent.

Étang: activités très calmes; projets à mettre en œuvre.

Étapes: *(d'un voyage)* vos remords vous empêchent d'évoluer.

Été: *(être en –)* excellent présage dans tous les domaines.

Étendre: *(du linge)* grave maladie.

Éternuer: santé de fer; vous avez éloigné un danger.

Étincelles: colère, animosité;

(voir des –) loisirs, fantaisies érotiques.

Étirer (s'): bon équilibre psychophysique.

Étoiles: vous avez de nombreux amis qui vous rendent heureux.

Étourdi: *(être –)* vous désirez oublier le passé.

Étourneau: symbole d'un homme simple qui revendique ses droits.

Étranger: une nouvelle ou un ami arriveront de loin.

Étriper: *(quelqu'un)* vous réduirez un ennemi à la faillite.

Étudiant: *(être –)* vous aimeriez pouvoir fuir vos responsabilités.

Eunuque: votre créativité artistique s'essouffle.

Évader (s'): vous remporterez une victoire dont vous serez fier.

Évaluer: *(un objet)* montrez-vous prudent.

Évangile: *(lire l' –)* vous cherchez un conseiller digne de confiance.

Éveiller (s'): augmentation des activités.

Éventail: vous vous disputerez avec votre entourage, car vous ne supportez pas la moindre critique.

Évêque: *(voir un –)* vous rencontrerez une personne importante qui vous inspirera de la crainte.

Examen: *(passer un –)* votre persévérance vous mènera loin.

Examiner: *(des objets)* prudence et sagesse.

Excitation: votre vie sentimentale ne vous satisfait pas.

Excréments: période tout à fait positive.

Excroissance: *(avoir une – sur le visage)* petit scandale.

Excursion: *(participer à une –)* mort d'un parent ou perte de biens matériels.

Exil: résolution de vieux problèmes.

Expédition: *(participer à une –)* vous désirez vous échapper du milieu dans lequel vous vivez et changer de vie.

Expier: *(une faute)* action ambiguë.

Exploiter: *(quelqu'un)* manque d'audace, supercherie.

Explorer: *(un endroit)* vos souhaits ne seront pas exaucés.

Explosion: *(entendre une –)* malveillance qui n'est pas dirigée contre vous;
(provoquer une –) menaces sans suite;
(assister à une –) vous ne savez plus à quel saint vous vouer.

Exposition: *(artistique)* vous avez peur de vous investir dans une relation sentimentale.

Expulsé: *(être –)* angoisses métaphysiques.

Extase: *(amoureuse)* vous vous consacrez trop à votre travail.

Extirper: *(quelque chose)* vous échapperez à un accident.

Extorquer: *(de l'argent)* vous avez peur de finir dans la misère.

Extravagant: *(être –)* vous aimeriez vous faire remarquer sans y parvenir.

F

Fable: *(écouter une –)* votre sexualité est inassouvie.

Fabriquer: *(quelque chose)* inspiration, goût du travail bien fait.

Fâcher (se): vous avez tort de réprimer votre colère.

Facteur: *(voir un –)* vous attendez des nouvelles qui n'arrivent pas;
(qui apporte un colis) nouvelles en provenance de l'étranger.

Facture: *(demander une –)* vous avez eu tort de vous confier.

Faïence: *(vaisselle de –)* vous manquez d'argent.

Faisan: avances amoureuses repoussées.

Falsifier: *(des documents)* vous devez trouver une solution dans un délai très rapide.

Famille: *(membres de sa –) (qui se portent bien)* circonstances heureuses;
(qui se portent mal) préoccupations, expériences négatives.

Fanfare: la chance va de nouveau vous sourire.

Fantôme: *(voir un –)* idées confuses, indécision;
(avec des chaînes) vous ne parvenez pas à résoudre vos problèmes.

Fard: *(se mettre du –)* hypocrisie, manque de confiance en soi.

Fardeau: *(porter un –)* vous voulez vous sortir de vos ennuis.

Farine: on vous doit de l'argent.

Fariner: vous prenez la vie du bon côté.

Faste: *(aimer le –)* vous dépensez plus que vous ne pouvez vous le permettre.

Fatiguer (se): vous devriez faire plus de sport.

Faucher: vous laisserez passer une occasion intéressante.

Faucon: un supérieur vous crée des ennuis.

Faune: *(mythologie)* vous n'exploitez pas au mieux vos capacités.

Fauteuils: *(voir des –)* vous êtes attaché à des choses futiles.

Fauve: symbole d'une femme cruelle.

Favoris: *(porter des –)* tous les honneurs vous sont dus;
(noirs) abus de pouvoir;
(blancs) vous vous laissez facilement marcher sur les pieds.

Féliciter: vous éprouvez de la rancune à l'égard de quelqu'un.

Femme: pièges, embuscades cachées;
(malade) vous ferez taire les médisants.

Fémur: *(sain)* persévérance, chance;
(cassé) problèmes d'argent.

Fenêtre: esprit d'évasion.

Fenouil: rentrées d'argent, dette payée.

Fer: *(objet en –)* ténacité quotidienne;
(à friser) pensées frivoles et mondaines.

Ferme: *(posséder une –)* rationalité, force de caractère.

Fermer: *(une porte, une fenêtre)* moment de réflexion.

Ferry-boat: *(prendre le –)* votre persévérance sera récompensée.

Fesser: *(un enfant)* vous avez trop de responsabilités.
Fesses: *(à l'air)* incertitude, peur du jugement d'autrui.
Festin: *(faire un –)* bon présage pour ceux qui ont des ennuis; pour les autres: les embêtements vont s'abattre sur vous.
Fête: *(participer à une –)* vous avez besoin de prendre des vacances.
Fêter: *(quelqu'un)* générosité, gentillesse.
Fétiche: *(en or)* danger imminent;
(en argent) vous vous entendez bien avec vos supérieurs;
(en bois) vous n'êtes pas motivé par votre travail;
(en plâtre) vous êtes trop sûr de vous.
Feu: de faible importance: menace d'un supérieur; très développé: calamités collectives, danger de guerre;
(qui descend du ciel) très grave danger;
(à usage domestique) bon présage, vie sereine;
(éteint dans la cheminée) misère, désolation;
(sur une torche) rapports amoureux agréables;
(dans une lampe à huile) vos secrets intimes seront dévoilés.
Feuilles: *(vertes)* vous serez consolé de vos peines;
(jaunes) sombres pensées, pessimisme.
Feuilleter: *(un livre)* paresse mentale.
Feux d'artifice: vos projets ne se concrétiseront pas.
Fèves: commérages; actions insidieuses.
Fiancer (se): *(pour une femme mariée)* vous risquez d'être veuve;
(pour une célibataire) votre solitude se prolonge;
(pour un homme) vos responsabilités vous pèsent.
Fiasque: *(de vin)* vous savez garder un secret.
Fidélité: besoin de changement, impatience.

Fief: vous avez l'esprit fermé.

Fiel: *(vomir du –)* vous mettrez un terme à une relation amoureuse qui vous étouffe.

Fièvre: *(avoir de la –)* extravagance.

Fifre: *(jouer du –)* vous n'avez pas les pieds sur terre.

Figues: plaisirs charnels;
(hors saison) délation, calomnies;
(sèches) ne vous couchez plus aussi tard, vous allez finir par tomber malade.

Fil: *(à coudre)* votre expérience vous donne des avantages.

File: *(d'hommes)* vous avez du mal à percer.

Filer: *(de la laine)* vous devriez avoir une vie plus mouvementée.

Filets: *(de chasse)* pièges, escroquerie en affaires; bon présage pour les gendarmes et les policiers;
(de pêche) vous parviendrez à vos fins en luttant beaucoup.

Fille: *(sa –)* craintes pour le futur.

Fillette: les projets auxquels vous tenez ne se réaliseront pas.

Fils: *(son –)* chagrins inévitables.

Flageller: *(quelqu'un)* haine réprimée.

Flageolets: dispute en famille.

Flammes: *(voir des –)* innovations spectaculaires.

Flanc: force physique et morale;
(blessé) égarement spirituel, recherche de soi.

Flaque d'eau: *(marcher dans une –)* coup de colère passager.

Flèche: *(d'une cathédrale)* aspiration à la méditation;
(être frappé par une –) une personne mal intentionnée vous jouera un mauvais tour;

(décocher une –) les difficultés vous ont endurci.

Fleurs: *(jacinthes)* ne partez pas en voyage en ce moment;

(violettes) dégâts graves;

(roses) période de bonheur; pour les malades: aggravation du mal;

(lis) reportez vos rendez-vous de travail à plus tard;

(sureau) mauvais état de santé;

(œillets) fêtes et réceptions;

(géraniums) passez quelques jours au grand air;

(mimosa) vous êtes fragile de nerfs;

(camélias) rares moments d'intimité amoureuse;

(gardénias) vous êtes mêlé à un scandale public;

(tulipes) évitez une femme peu cordiale de votre entourage;

(tubéreuses) votre erreur sera dévoilée à tous;

(coquelicots) vos chagrins amoureux s'apaiseront;

(jasmin) agitation nocturne, insomnie;

(narcisses) rhumatismes;

(d'oranger) vous ne vous engagerez pas dans une affaire louche.

Flot: *(de paroles)* promesses non tenues, escroqueries.

Flotte: *(navale)* vous resterez en dehors d'un scandale financier.

Flûte: grande douleur spirituelle.

Flûtiste: éloignez-vous d'une personne qui veut vous nuire.

Fœtus: *(humain)* un danger s'éloigne.

Foie: *(en bonne santé)* bien-être familial; pensées créatives;

(en mauvaise santé) vos enfants vous donnent des soucis; situation financière médiocre;

(d'animaux) carrière professionnelle réussie.

Folie: c'est le moment de prendre de nouvelles initiatives.

Fontaine: cœur en liesse, amour partagé.

Forçats: *(voir des –)* arrogance, vulnérabilité.

Forcer: *(une serrure)* vous remporterez une victoire en agissant de façon malhonnête et dénuée de scrupules.

Forêt: *(être dans une –)* conflits intérieurs, hésitations.

Forge: créativité accrue, travail supplémentaire.

Forgeron: sécurité matérielle durable.

Forteresse: *(se trouver dans une –)* vous n'arrivez pas à communiquer avec autrui.

Fosse: *(creuser une –)* vous voulez oublier un fait regrettable.

Fou: *(devenir –)* vous travaillez trop;
(voir un –) vous êtes trop fidèle à vos devoirs;
(être un –) vous allez faire une nouvelle rencontre amoureuse.

Foudre: *(qui frappe un arbre)* vous allez déménager.

Foudroyé: *(être –)* bon présage pour un pauvre, qui fera carrière; mauvais présage pour un riche, qui perdra son prestige.

Fouet: pouvoir, ascension sociale.

Fouetté: *(être –)* vous serez puni pour une faute que vous n'avez pas commise.

Fougère: susceptibilité, irritabilité.

Fouiller: *(dans quelque chose)* vous cherchez des remèdes inexistants.

Fouillis: désir d'évasion, de loisirs.

Fouine: un collègue cherche à vous mettre des bâtons dans les roues.

Foule: *(se trouver parmi la –)* échec professionnel.

Fouler: *(le raisin)* bon sens, clairvoyance.

Fourche: dignité professionnelle.

Fourchette: invalidité des mains.

Fourmis: présage très favorable pour les hommes publics et les malades, dont la guérison ne saurait tarder; *(ailées)* ennuis, regrets, peines.

Fourrer: *(un vêtement)* vous manquez d'audace en amour.

Fourrés: *(d'un bois)* vous ne parvenez pas à vous décider.

Fourreur: *(aller chez le –)* vous demanderez à une personne importante de vous aider, mais elle refusera.

Fourrure: *(porter une –)* les souffrances vous ont endurci.

Fracturer (se): *(un membre)* vous traversez une période difficile à tous points de vue.

Fraises: *(manger des –)* bonheur de courte durée.

Franchir: *(un col)* vous surmonterez vos difficultés; *(un seuil)* vous êtes à la recherche de vous-même.

Frange: *(de cheveux)* vous êtes hors de danger; *(d'un vêtement)* vous perdez votre temps à des futilités.

Frapper: *(à une porte)* appel à l'aide; *(quelqu'un)* vous avez l'esprit de vengeance; *(de la monnaie)* vous avez le goût du risque.

Fratricide: *(être un –)* vous profiterez d'une somme d'argent.

Frauder: *(quelqu'un)* timidité, manque de courage.

Freiné: *(être –)* quelque chose vous empêche d'agir.

Freiner: *(quelqu'un)* revanche, domination.

Freluche: rencontre d'une femme charmante.

Frémir: vous avez eu une grande frayeur dans le passé.

Frère: un ennemi vous guette.

Frire: *(faire – des aliments)* vous allez à votre perte.

Frisé: *(être –)* argent obtenu sans travail ni efforts.

Friser: *(des cheveux)* présage bénéfique, succès assuré pour les femmes, les juges et les acteurs de théâtre; *(une perruque)* vos rêves ne se réaliseront pas.

Frisson: *(avoir un –)* sexualité insatiable.
Froc: *(porter le –)* vous menez une vie modeste.
Froid: *(en hiver)* calme plat, vie monotone;
(hors saison) intrigues, dégâts matériels et moraux, initiatives inutiles, vous devrez reporter un voyage.
Fromage: *(manger du –)* bonté d'âme.
Fronde: vous savez vous débrouiller tout seul.
Front: *(lisse)* période de repos complet;
(rugueux) préoccupations, ennuis de santé;
(blessé) danger imminent.
Fruits: rentrées d'argent; passion amoureuse.
Fruits confits: *(manger des –)* pour un pauvre: maladie; pour un riche: pauvreté.
Fuir: désespoir réprimé, besoin d'être consolé.
Fumée: certains de vos projets n'aboutiront pas.
Fuseau: *(pour filer)* en ce moment, votre vie n'est pas très passionnante.
Fusil: *(avoir un –)* votre suspicion est justifiée.
Futur: *(prédire le –)* prémonition de mort, craintes.

G

Gage: *(recevoir un –)* union intéressée; *(donner un –)* amour ardent et possessif.

Gagner: *(quelque chose)* vous aurez du mal à vous débarrasser de vos ennemis, mais vous finirez par y parvenir.

Gain: *(au loto)* proposition audacieuse à prendre en considération.

Gale: *(avoir la –)* bien-être, célébrité, charges publiques.

Galette: *(faire une –)* fiançailles en perspective.

Galoper: créativité, énergie vitale, puissance virile.

Gants: *(porter des –)* vous aimeriez faire un travail intellectuel.

Garage: on va essayer de vous mettre des bâtons dans les roues.

Garçonnet: vous allez bientôt revoir l'être aimé.

Garde: *(voir un –)* période calme.

Garde-forestier: *(voir un –)* vous êtes capable de résoudre des problèmes complexes.

Garder: *(quelque chose)* qualités humaines insoupçonnées.

Gardien: *(d'une maison)* évitez les situations embarrassantes.

Gare: *(se trouver dans une –)* discordes, embrouilles, procès.

Garnison: vous avez de nombreux ennemis.

Garniture: *(d'un chapeau)* vous allez abîmer votre santé; *(en or)* un bon résultat sera fêté dans la gaieté; *(en argent)* vous savez bien vous prendre en main; *(en soie)* rencontre d'une femme séduisante.

Gaspiller: *(quelque chose)* période de difficultés matérielles.

Gâteau: *(manger un –)* amertume, période malheureuse.

Gauche: *(main –)* symbole de la femme d'intérieur; *(bien portante)* votre mère, votre sœur, votre femme ou votre fille sont en excellente santé; *(blessée)* préoccupations au sujet de la santé d'un membre féminin de votre famille.

Gaz: *(sentir une odeur de –)* maladie de la vésicule biliaire.

Géant: *(être un –)* avancement de carrière, belle réussite professionnelle en perspective; *(voir un –)* vous êtes gravement menacé.

Gel: *(en hiver)* vie routinière et sans surprise; *(hors saison)* immobilisme, menace de maladie.

Gencives: *(douloureuses)* vous avez peur de perdre vos biens; *(édentées)* personne ne vous aide à redresser votre situation financière.

Gendarme: crainte inavouée.

Général: *(être un –)* vous voulez élargir vos activités et augmenter vos effectifs.

Genou: *(bien portant)* tout va bien; *(fracturé)* maladie des artères probable ou préoccupations pour un frère; *(plantes poussant sur un –)* invalidité permanente.

Génuflexion: vos appels à l'aide ne sont pas entendus.

Géomètre: vous êtes un travailleur infatigable.

Ghetto: *(de Juifs)* isolement, manque de travail.

Gibet: restrictions et frustrations.

Gibier: attention aux ménagères dévergondées.

Gifle: *(donner une –)* vous prendrez votre revanche; *(recevoir une –)* vous n'êtes pas prêt d'oublier la vexation que l'on vous a fait subir.

Gingembre: montrez-vous audacieux en amour.

Girafe: mauvaise nouvelle qui arrive de loin; faites contrôler votre vue.

Glace: *(se regarder dans la –)* bon présage, noces en perspective, voyages, réussite;
(en se voyant difforme) vous n'avez pas confiance en vous;
(acheter une –) arrêt de travail; inquiétudes pour le futur.

Glandes: dureté de caractère, je-m'en-foutisme.

Glisser: faites attention à ce que vous dites.

Globe: volonté d'oublier, de repartir à zéro.

Gloire: *(connaître la –)* vous en avez assez des humiliations.

Gnocchis: *(manger des –)* vous désirez découvrir un complot.

Gondole: *(se promener en –)* vous ne savez pas prendre la situation en main.

Gonfler (se): pressentiment de malaise physique.

Gorge: *(malade)* vous serez battu par votre adversaire;
(blessée) une personne parlera de vous à tort et à travers;
(saine) bonne santé physique, érotisme.

Goudron: *(marcher sur du –)* on vous empêche de passer à l'action.

Gouffre: *(profond)* vous allez devoir faire des choix capitaux;
(très sombre) vous n'avez pas choisi la bonne voie;
(tomber dans un –) faillite en perspective.
Gourde: vos projets semblent sur le point de se réaliser.
Gousse: *(d'ail)* évitez les commérages.
Goûter: *(des aliments)* des réjouissances vous attendent;
(des boissons) en ce moment, vous vous sentez très heureux.
Goutte: *(avoir la –)* vous allez perdre un collègue.
Gouttes: *(d'eau)* vous avez du mal à joindre les deux bouts.
Gouvernail: *(tenir le –)* autorité reconnue, responsabilités.
Grade: *(monter en –)* réussite inattendue d'une opération.
Gradins: *(gravir des –)* présage très favorable, chance;
(descendre des –) vous allez être rétrogradé.
Grain de beauté: *(avoir un –)* envies érotiques.
Graines: vos enfants sont bien élevés.
Graisseux: *(avoir un vêtement –)* vous couperez à une corvée.
Grand-mère: *(la sienne) (vivante)* on vous soutiendra moralement;
(morte) crise de spiritualité.
Grand-père: *(vivant)* souvenirs d'enfance;
(mort) vous allez bientôt changer de métier.
Grange: prospérité, excellente santé.
Grappe: *(de raisin)* plaisirs érotiques faciles.
Gratter (se): *(la tête)* vous serez tiré d'ennui;
(le visage) quelqu'un vous envie;
(les jambes) malaise de très courte durée;
(les pieds) l'un de vos subordonnés vous mettra en colère.

Gredin: *(rencontrer un –)* vous êtes de nature méfiante.

Grêler: *(pendant la saison)* malentendu avec la personne aimée;
(hors saison) conflits judiciaires.

Grelotter: vous affrontez les événements de façon trop téméraire.

Grenade: *(fruit)* blessures morales, tourments.

Grenadier: *(voir un –)* vous avez un rival en amour.

Grenier: *(voir un –)* votre passé vous revient en mémoire.

Grenouille: ne vous laissez pas marcher sur les pieds par des intrigants.

Grève: *(participer à une –)* vous vous sentez exploité.

Gribouillis: *(faire un –)* histoire d'amour à laquelle vous attachez peu d'importance.

Griffer: esprit de vengeance, sournoiserie.

Gril: *(se servir d'un –)* prudence, clairvoyance.

Grillage: *(d'une prison)* vous ne pouvez pas vous laisser aller.

Grille: *(fermée)* conflit sentimental passager;
(ouverte) tous vos désirs seront comblés.

Griller: *(faire –)* (des châtaignes) vous devriez vous ouvrir davantage aux autres;
(du pain) vous désirez ardemment le bien-être de votre famille;
(des pommes de terre) des souvenirs d'enfance vous reviennent à l'esprit;
(de la viande) amour du superflu.

Grimaces: *(faire des –)* vous voulez intimider les autres.

Grimper: *(sur un arbre fruitier)* rentrée d'argent inattendue;
(sur une montagne) votre vie n'est pas toujours rose;

(sur un mur) vous risquez de faire une dépression nerveuse.

Grincer des dents: la santé de vos parents ou de vos enfants vous préoccupe.

Grives: alternance de joies et de peines.

Grondement: *(entendre un –)* vous n'avez rien à craindre.

Gronder: *(se faire –)* des personnes autoritaires de votre entourage étouffent votre personnalité.

Groseilles: vexation, crise de larmes.

Grossir: mettez vos qualités en évidence.

Guenon: symbole de frivolité.

Guêpe: vous devrez rencontrer un homme pervers et cruel.

Guérison: vous viendrez à bout d'un problème professionnel; pour un malade: mauvais signe; pour une femme: liberté d'aimer.

Guerre: *(être en –)* préoccupations dans divers domaines.

Guerriers: *(voir des –)* vous êtes fataliste.

Guêtres: *(porter des –)* vous n'avez aucun souci à vous faire.

Gui: vous retrouverez un amour de jeunesse.

Guillotine: *(actionnée)* vous vaincrez un ennemi.

Guirlande: *(de fleurs)* retards, complications, ennuis divers.

Guitare: illusions, chimères.

Gymnase: *(être dans un –)* vos craintes au sujet de votre santé sont totalement injustifiées.

Gymnastique: *(faire de la –)* prise de conscience.

H

Habiller (s'): changement positif, réussite sociale; pour une femme: chance en amour;
(bien –) vous vous préparez à une entreprise importante.

Habitant: *(de la ville)* votre amour n'est pas partagé;
(de la campagne) vous aspirez à un amour romantique et possessif.

Habitation: *(belle)* vous voudriez apparaître au meilleur de votre forme;
(laide) vous souffrez d'un complexe d'infériorité;
(princière) votre ambition, qui n'a plus de limites, ne sera pas satisfaite.

Hache: rébellion, conflits, dégâts matériels;
(se servir d'une –) vous désirez mettre un terme à une relation qui ne vous apporte plus rien.

Hacher: *(de la viande)* votre conjoint va tomber malade.

Haie: revenus réguliers mais assez bas.

Haillons: *(être couvert de –)* vos espoirs sont vains.

Haïr: *(quelqu'un)* impuissance à réagir.

Haletant: *(être –)* angoisse, peur du futur.

Hamac: soyez plus ambitieux.

Hangar: *(se trouver dans un –)* une bonne affaire isolée ne peut pas suffire à assurer votre avenir.

Harassé: *(se sentir –)* vous allez tomber malade.

Hareng: n'ayez aucune crainte, la chance est avec vous.
Harnacher: *(un cheval)* vous êtes bien décidé à changer de vie;
(un mulet) symbole d'arrogance, d'obstination;
(un âne) période de malchance.
Harnais: *(de cheval)* vous êtes victime de votre position sociale élevée.
Harpe: vous aspirez à devenir un artiste.
Harpon: vous parviendrez à esquiver un accident.
Hâte: *(avoir –)* vous vous sentez persécuté.
Hauteur: *(d'un immeuble)* vos projets sont trop ambitieux;
(d'une montagne) difficultés et fatigue physique;
(d'un arbre) essayez de vous montrer plus patient;
(d'un homme) votre vie amoureuse va droit à l'échec.
Hémorragie: *(avoir une –)* vous risquez de tomber malade.
Herbe: *(voir de l'–)* détente, décontraction;
(qui pousse sur une jambe) maladie des artères ou mauvaise santé d'un frère;
(arracher des mauvaises herbes) vous éviterez un danger.
Hérisson: *(voir un –)* soyez plus ouvert avec les autres.
Héritage: *(recevoir un –)* conflits familiaux.
Hermaphrodite: *(être –)* hypocrisie, mensonge.
Héros: *(être un –)* votre cœur est froid.
Herse: *(se servir d'une –)* vos richesses vont diminuer.
Heure: *(regarder l'–)* vos doutes sont amplement justifiés.
Heureux: *(être –)* état de santé parfait.
Heurter: *(quelqu'un)* altercation, conflit verbal.
Hilarité: *(avoir un accès d'–)* nouvelles alarmantes.
Hippopotame: vous rencontrerez une personne formidable.

Hirondelle: union ou mariage heureux avec une personne cultivée qui s'intéresse à l'art.

Hiver: *(hors saison)* vie sentimentale monotone; *(en hiver)* vous êtes une personne pleine de ressources.

Hommes: *(bons)* grande chance, affaires en or; *(malveillants)* embuscade, troubles graves.

Honneurs: *(recevoir des –)* votre ascension sociale se poursuit.

Honoraires: *(demander des –)* avarice dissimulée.

Honte: *(avoir – de quelque chose)* mauvaise réputation.

Hôpital: *(visiter un –)* vous vous compliquez la vie inutilement; *(être dans un –)* difficultés matérielles, manque de travail.

Hoquet: *(avoir le –)* malaise financier.

Horaire: *(consulter un –)* vous devrez faire face à une lourde échéance.

Horde: *(de brigands)* vous serez victime d'une escroquerie.

Horripilé: *(être –)* souffrances physiques et morales.

Hospitalisé: *(être –)* vous manquez d'activité et avez du mal à affronter les vicissitudes de la vie.

Hostie: *(consacrée)* événement positif, fortune, chance en amour.

Hôtel: vous n'avez pas encore trouvé votre équilibre.

Hotte: *(sur les épaules)* vous ne pourrez pas échapper à vos responsabilités.

Houblon: aisance financière atteinte sans efforts.

Huile: *(boire de l'–)* menace d'empoisonnement; *(sur de la nourriture)* bien-être apparent.

Huissier: votre rancune est tenace.

Huîtres: *(manger des –)* bon présage si vous avez des dettes.

Hululement: *(entendre un –)* danger à long terme.

Humanité: *(se comporter avec –)* vous voulez que l'on reconnaisse vos mérites.

Humide: *(lieu –)* la chance ne vous sourit plus.

Humiliation: *(subir une –)* vous êtes rancunier.

Hurler: période difficile dont vous voyez le bout.

Hydromel: *(boire de l' –)* luxe, dépenses extravagantes.

Hyène: *(voir une –)* homme efféminé ou femme masculine.

Hymne: *(chanter un –)* mensonges, escroqueries.

I

Idolâtrer: manie de persécution.

Île: *(être sur une –)* vous voulez mettre fin à une liaison qui vous étouffe.

Image: *(de Dieu)* présage positif pour les personnes honnêtes;
(de l'être aimé) vous vous sentez coupable.

Implorer: *(la clémence)* vous méprisez les autres.

Impôts: discussion et dispute avec un partenaire fidèle, mais querelleur.

Imprimer: *(des journaux)* vous êtes doué pour les négociations, mais vous n'êtes pas assez sentimental.

Inauguration: *(cérémonie d'–)* abus de pouvoir.

Incendie: *(d'une église)* mort de parents proches;
(d'une maison) maladie du maître ou de la maîtresse de maison;
(de forêt) vous allez perdre des amis.

Incendier: *(sa maison)* folie, autodestruction;
(une forêt) vous vous sentez maître de la situation.

Inceste: *(avec sa mère)* rivalités en affaires;
(avec son frère) luttes d'influence;
(avec sa sœur) apaisement des conflits personnels.

Inconnus: *(voir des –)* *(ayant de bonnes intentions)* vous recevrez un soutien sur lequel vous ne comptiez pas;
(hostiles) obstacles, difficultés à surmonter.

Inconvenant: *(accomplir des actes –)* votre vie anticonformiste suscite jalousie et ragots autour de vous.

Indigents: *(voir des –)* crise d'identité.

Indigner (s'): vous n'osez pas faire face à vos adversaires.

Infidélité: *(commettre une –)* vous êtes fidèle et loyal.

Infirmière: chance inespérée.

Inondation: *(de votre maison)* désastre financier;
(d'une ville) les efforts de vos ennemis pour vous nuire seront sans effet;
(à la campagne) vos espoirs de réussir votre vie sentimentale ne seront pas comblés.

Inquiéter (s'): aventure négative.

Insectes: vous allez droit à votre perte.

Instrument: *(de musique)* bon signe pour ceux qui n'ont pas encore rencontré l'homme ou la femme de leur vie; mauvais signe pour les malades et les hommes d'affaires qui devront surmonter de nombreuses difficultés.

Interdiction: *(transgresser une –)* votre insouciance et votre culot vous permettront de gagner des points.

Interdire: *(quelque chose)* mécontentement, frustrations sexuelles.

Interprétation: *(donnée dans le rêve)* prévision qui se vérifiera.

Interpréter: impulsions et désirs irrationnels.

Intestins: *(voir ses –)* vous paierez une addition;
(de quelqu'un d'autre) un débiteur vous remboursera.

Invasion: *(d'ennemis)* vos craintes sont imaginaires.

Irriguer: vous voulez augmenter vos revenus.

Ivoire: vous recevrez une lettre qui vous fera grand plaisir.

J

Jalousie: *(éprouver de la –)* vous vous sentez détaché, sur le plan spirituel, de la personne aimée.

Jambes: *(bien portantes)* vous êtes satisfait de vos rapports avec votre amant ou votre conjoint;
(blessées) rupture définitive d'une relation amoureuse;
(cassées) malheur en amour, ennuis professionnels;
(avoir plus de deux –) bon signe pour une femme, qui trouvera de nombreux soutiens, et pour un commerçant, qui fera d'excellentes affaires.

Jambières: grande sécurité.

Jambon: *(manger du –)* grâce à toutes vos qualités, vous irez très loin.

Jardin: *(voir un –)* vous n'avez plus rien à craindre, mais vous l'avez échappée belle.

Jardinier: il symbolise une personne mal intentionnée; faites bien attention.

Jarre: une personne de votre entourage vous cache quelque chose de grave.

Jatte: vous allez avoir des problèmes d'argent.

Jaune: *(couleur)* convoitise dissimulée;
(d'œuf) fin d'une maladie.

Jaunisse: *(avoir la –)* vous n'arrivez pas à vous sortir de vos problèmes.

Javelot: vous savez réagir avec violence.

Jet d'eau: nouvelles perspectives agréables.
Jeter: *(des confettis)* un projet de mariage va tomber à l'eau;
(des objets par la fenêtre) humiliations possibles;
(des ordures) désir de se reposer;
(se – contre quelqu'un) impulsivité, agressivité;
(se – par la fenêtre) vous avez le moral à zéro;
(se – sous une voiture) licenciement.
Jeu: *(de ballon)* discussions et conflits;
(de cartes) vous réussissez bien à cacher vos objectifs;
(loto) vous êtes une personne audacieuse;
(échecs) vous êtes un adversaire redoutable;
(dés) vous aimez l'imprévu;
(de hasard) ne déclenchez pas de dispute pour rien.
Jeune fille: mésaventures, contrariétés professionnelles.
Jeune homme: perte au jeu, rupture amoureuse.
Jeûner: vous aimez trop l'argent.
Jockey: vous êtes sur la bonne voie.
Jonc: force, énergie à revendre.
Joues: *(rondes)* tout va pour le mieux;
(creuses) douleurs, deuil.
Joug: votre avenir s'annonce très bien.
Journal: une lettre vous apportera une mauvaise nouvelle.
Journée: *(ensoleillée)* vos désirs seront comblés;
(nuageuse) vous traversez une période difficile;
(fériée) pensées extravagantes;
(orageuse) soyez plus audacieux en amour.
Juge: troubles, dépenses imprévues, accident.
Juifs: *(groupe de –)* ne vous méfiez pas d'autrui de façon systématique.
Jumeaux: multiples antagonismes.

Jumelle: escroquerie en perspective.
Jument: état d'âme serein et pacifique.
Jupe: *(porter une –)* émotivité, sautes d'humeur.
Jupon: embêtements, tracasseries.
Jurer: vous n'êtes pas respecté.
Justifier (se): un membre de votre famille vous tyrannise.

L

Laboratoire: *(se trouver dans un –)* difficultés dans les études ou dans le choix d'un nouveau métier.

Lacer: *(des chaussures)* vous vous êtes engagé dans une affaire inextricable;
(un corset) vous désirez bouleverser vos habitudes.

Lâche: *(être –)* vous voudriez avoir une vie plus calme.

Laid: *(se sentir –)* vous avez besoin d'un compagnon.

Laine: *(vêtement en –)* vous êtes en bonne position;
(qui pousse sur votre corps) arthrite, rhumatismes;
(qui pousse sur votre tête) grippe, rhume.

Laisse: *(de son chien)* un ami vous laissera tomber.

Lait: *(boire du –)* pour un homme: afflux d'argent, union durable envisageable; pour une femme pauvre: richesse; pour une femme riche: dépenses; pour une jeune fille: mariage.

Laiton: *(objet en –)* période médiocre.

Lame de fond: un danger imminent vous menace.

Lampe: *(voir une –)* vous trouverez une solution.

Langue: *(coupée)* chômage et pauvreté;
(gonflée) maladie de votre femme ou de votre mari;
(longue) discours sans intérêt.

Lanterne: *(porter une –)* difficultés passagères.

Lapidation: *(assister à une –)* vous ne parvenez pas à grimper dans l'échelle sociale.

Lapin: naïveté profonde;
(blanc) flatteries amoureuses.

Lard: votre prévoyance est excessive.

Larmes: bonheur inattendu.

Lasso: *(être pris au –)* vous retarderez l'étude d'un dossier.

Latin: *(apprendre le –)* vous allez changer de ville.

Lavandière: *(voir une –)* événements heureux.

Lave: *(d'un volcan)* ennuis imprévus.

Lavement: vous êtes fidèle aux valeurs morales.

Laver (se): *(les mains)* paresse, indolence;
(le visage) augmentation de salaire;
(les pieds) liberté d'action, chance;
(les cheveux) rupture définitive avec une personne opprimante.

Lécher (se): *(les lèvres)* vous vivez au-dessus de vos moyens.

Legs: *(recevoir un –)* ennuis de santé dus au surmenage.

Léguer: vous êtes prévoyant et intelligent.

Légumes: ennuis, embêtements continuels;
(à gousses) petits ennuis successifs;
(cuits) secrets dévoilés, échanges verbaux virulents.

Lentilles: *(de vue)* votre imagination vous fait déformer la réalité.

Léopard: surveillez votre vue.

Lèpre: *(avoir la –)* célébrité, succès assuré.

Lépreux: *(voir un –)* découragement, dépression.

Lettre: *(recevoir une –)* réponse favorable à une proposition;
(envoyer une –) bonne entente entre amis;
(anonyme) hypocrisie, rancœur.

Lettre de change: *(émettre une –)* remettez vos projets à plus tard.

Lever: *(les yeux)* l'infidèle reviendra;
(la tête) modérez votre passion pour les jeux d'argent;
(les mains) dans la vie, vous vous montrez incertain et soumis.

Lèvres: *(tendre les –)* bon signe pour les orateurs, les hommes politiques, les philosophes et les commerçants; pour une femme: fiançailles prochaines;
(se mordre les –) vous perdrez l'avantage acquis; pour une femme: rupture amoureuse.

Lézard: éloignez-vous des personnes qui vous envient.

Liaison: *(amoureuse)* vous désirez avoir une vie sentimentale plus stable.

Libéré: *(être – de prison)* vous avez de nouveaux projets.

Liberté: *(obtenir sa –)* mort de l'un de vos supérieurs.

Libertinage: *(s'adonner au –)* manque de stratégie.

Licorne: *(voir une –)* vous vivrez un événement dramatique;
(être une –) phénomène stupéfiant.

Liège: *(objets en –)* vous ne tiendrez pas votre parole.

Liens: *(rompre des –)* vous n'osez pas affronter une personne qui vous intimide.

Lier: *(quelqu'un)* vous êtes admiré mais l'on vous craint.

Lierre: ennuis judiciaires.

Lieu: *(sombre)* vous avez du mal à vous décider;
(éclairé) vous êtes prêt à réagir à la minute même.

Lièvre: *(en fuite)* une personne lâche vous fera faux bond.

Ligne droite: *(une route en –)* vous vivez une période heureuse.

Lime: méfiez-vous des mauvaises langues.

Lin: *(vêtement en –)* nouvelles idées; santé de fer.

Linceul: *(être enveloppé dans un –)* mariage forcé.
Linge: *(draps)* un membre de votre famille va tomber malade;
(de table) vous avez des projets très ambitieux;
(étendre du –) présage de mort;
(sale) négligence;
(repassé) excellente santé.
Lion: rencontre d'un homme intelligent et puissant.
Lire: *(pour une personne cultivée)* signe de régression sociale;
(pour une personne inculte) progrès, réussite.
Lisière: *(d'un vêtement) (argentée)* sacrifice;
(dorée) vous avez une idée derrière la tête;
(de soie) méfiez-vous des hypocrites.
Liste: coordination de différents projets.
Lit: *(être au –)* chômage.
Littérature: *(être amateur de –)* avertissement à prendre au sérieux.
Livrer: *(des objets)* vous refuserez votre aide à un ami.
Livres: souvenirs d'enfance ou de jeunesse.
Location: *(d'une maison)* vous n'êtes pas content de vous.
Locuste: une femme cruelle veut nuire à vos intérêts.
Logement: vous ne vous connaissez pas bien.
Longue-vue: *(regarder dans une –)* vous avez peur de regarder la réalité en face.
Loquet: présage positif si une grossesse est en cours; évitez les voyages pour ne pas risquer d'avoir un accident.
Loterie: *(jouer à la –)* confiance en l'avenir.
Loto: *(jouer au –)* ce n'est pas le moment d'agir;
(perdre au –) méfiez-vous d'une femme de votre entourage.
Louche: vous avez besoin d'aide et de réconfort.

Louer: *(les qualités de quelqu'un)* manque de dignité.

Loup: un dangereux ennemi vous affrontera ouvertement.

Loupiote: *(allumée)* regain d'énergie et de vitalité; *(éteinte)* moment de découragement.

Lucifer: ne vous fiez pas aux conseils qui vous seront donnés.

Luette: *(rouge)* dispute en vue.

Lueur: vous arrivez au bout du tunnel.

Luge: *(être sur une –)* période riche en événements nouveaux.

Lumière: vous remonterez la pente très rapidement.

Lune: *(nouvelle –)* chance, fortune;
(pleine –) argent, bien-être, affaires florissantes; votre mère est en bonne santé;
(croissant de –) vous obtiendrez un avantage non négligeable;
(éclipse de –) événement agréable;
(voir son image dans la –) pour un homme: naissance d'un garçon; pour une femme: naissance d'une fille; présage très favorable pour les banquiers et les dirigeants d'associations qui recevront de grosses sommes d'argent.

Lunettes: *(porter des –)* manque de confiance en soi.

Lutter: *(contre un ami)* disputes, rivalités;
(contre un inconnu) grave maladie, hospitalisation;
(contre un enfant) disparition d'un ami, deuil;
(contre un mort) conflit avec un héritier du mort.

Luxurieux: *(être –)* rien ne peut vous faire perdre le moral.

Lycée: *(être au –)* désir de fuir des responsabilités.

Lynx: rencontre d'un homme malhonnête et menteur.

M

Machination: *(monter une –)* vous préparez une vengeance.

Mâchoire: *(forte)* vos efforts seront couronnés de succès; *(fragile)* incapacité à progresser.

Magasin: *(être dans un –)* événements inhabituels.

Magicien: un homme habile vous tendra un piège.

Magicienne: une femme vous racontera des mensonges.

Maigreur: période de difficultés financières.

Maigrir: baisse de vitalité physique, appauvrissement matériel.

Maillot de bain: *(porter un –)* vous n'êtes pas celui que l'on croit.

Main: *(droite)* normale: vous obtiendrez ce que vous voulez; blessée: vous n'atteindrez pas votre objectif; *(gauche)* normale: la femme à laquelle vous tenez est en parfaite santé; blessée: perte d'une femme à laquelle vous êtes très attaché;
(les deux mains) normales: accroissement de vos activités; blessées: manque de travail, soucis d'argent.

Maire: *(voir le –)* punition inattendue et injustifiée.

Maison: *(luxueuse)* vous avez du goût;
(misérable) vous manquez d'imagination;
(construire une –) évolution, études poussées;
(détruire une –) vous avez perdu votre entrain naturel;

(brûlée) vous avez besoin de réfléchir;
(abandonnée) comblez vos lacunes.

Maître: *(d'école)* respect et soumission devant des supérieurs hiérarchiques.

Malade: *(qui se plaint)* vous êtes indécis et peu sûr de vous;
(qui dort) personne ne vous aidera dans votre travail;
(qui agonise) vous redoutez des changements dans votre vie.

Maladie: mauvais présage.

Malchanceux: *(être –)* vous n'avez pas confiance en vous.

Malfaiteur: *(voir un –)* vous craignez quelqu'un.

Malheur: *(conjurer un –)* vous éviterez un danger;
(subir un –) embêtements, peines de cœur.

Mamelles: *(avoir des –)* signe de calme et de sérénité.

Manche: *(de couteau)* vous ne tirez pas parti de vos capacités;
(de balai) vous n'aimez pas le changement.

Manchon: *(de fourrure)* vous aspirez à ne rien faire.

Manège: vous vous inquiétez de l'avenir d'un ami.

Manger: *(de la viande)* vos aspirations spirituelles ne sont pas satisfaites;
(du pain) chasteté non voulue;
(des gâteaux) chagrin d'amour;
(des fruits) bonheur perpétuel, euphorie;
(des légumes) vie monotone et sans surprise;
(du poisson) nouvelles rassurantes.

Maniéré: *(être –)* vous devrez vous montrer diplomate si vous voulez vous sortir d'une situation délicate.

Manteau: *(de la cheminée)* il vous manque quelque chose pour être vraiment heureux;
(vêtement) vous êtes préparé à lutter contre l'adversité;

(acheter un –) vous recevrez le soutien d'un personnage important;
(royal) vous devrez assumer de lourdes responsabilités.

Maquereau: *(poisson)* vos espoirs seront déçus.

Maquiller (se): ragots, calomnies, embrouilles;
(pour une fête) votre adultère sera découvert.

Marchande de fleurs: bavardages, intrigues nouées par une femme.

Marché: complication des affaires en raison d'une escroquerie; pour un commerçant: affaires en or.

Marcher: *(tout seul)* évolution des idées;
(avec des amis) vous êtes sociable et généreux;
(avec une femme) problèmes en perspective.

Marches: étapes à franchir.

Marécage: inactivité forcée; on vous tendra une embuscade.

Marguerite: *(effeuiller une –)* amour qui n'est pas réciproque.

Mari: *(bon)* réussite sociale;
(mauvais) votre vie professionnelle manque de piquant.

Mariage: *(assister à un –)* grande agitation, confusion.

Marier: *(se)* pour un homme: bon présage si vous vous lancez dans les affaires; pour une femme mariée: vous allez être veuve; pour une veuve: votre fille va se marier; pour une jeune fille: risque de grossesse;
(sa fille, son fils) vos problèmes vont s'alléger.

Marin: changement positif.

Marionnette: *(acheter une –)* pièges, embuscades;
(être une –) votre résignation est dangereuse;
(voir une –) rencontre d'une personne sans caractère.

Marmotte: vous avez quelque chose à cacher.

Marqué: *(être –)* perte de prestige humiliante.
Masque: *(porter un –)* vous n'êtes pas assez sentimental.
Massacre: *(assister à un –)* risque de crise financière qui concerne toute votre famille.
Massage: *(subir un –)* victoire, triomphe total.
Mastiquer: tout va pour le mieux.
Masturber (se): difficultés financières.
Matelas: *(voir un –)* pour un homme: vous vous contentez de peu; pour une femme: noces en perspective.
Maternelle: *(école)* plusieurs petits ennuis vous contrarieront.
Matin: présage favorable pour les amoureux.
Mauve: *(fleur)* bon présage si vous devez de l'argent à quelqu'un.
Médaille: *(recevoir une –)* vos ambitions sont insatisfaites.
Médecin: vous gagnerez un procès ou des élections.
Mégère: escroqueries et malveillance d'une personne importante.
Mélasse: grande richesse matérielle.
Melon: un ami vous sera d'un grand réconfort;
(manger du –) amitiés fidèles et durables.
Membre (viril): *(normal)* stabilité économique, bonne santé;
(en érection) enrichissement, moral au beau fixe;
(coupé) misère, inquiétudes;
(avoir plus d'un –) malaise spirituel; séparation conjugale;
(femme ayant un –) vous allez assumer des responsabilités et des tâches viriles;
(au bon endroit) excellente santé de vos parents, prospérité financière, succès;
(petit) dégradation de votre santé et de vos revenus.

Menacer: *(quelqu'un)* vous n'arrivez pas à imposer vos idées.

Ménagerie: la convoitise et la malveillance de vos adversaires ne vous touchent pas.

Mendiant: destruction spirituelle;
(ivre) vous n'avez pas d'objectifs précis dans la vie;
(qui dort) ne pensez plus au passé et n'ayez aucun regret.

Mendier: avarice, amour de l'argent.

Menottes: *(passer les – à un inconnu)* vous essayez de refréner vos instincts érotiques.

Mensonges: *(dire des –)* vous hésitez à dévoiler un secret.

Mentir: *(à des étrangers)* contrariétés;
(à des parents) événement malheureux.

Menton: *(imberbe)* votre carrière s'annonce difficile;
(barbu) réussite et respect;
(long) autoritarisme.

Menuisier: vous ferez sans doute une croisière.

Mer: *(voir la –)* changements de position, voyages;
(forte) tourments, contrariétés;
(calme) tout se déroule à merveille;
(se trouver en –) manque d'affection.

Mère: elle symbolise les affaires;
(en bonne santé) vos perspectives de travail sont excellentes;
(malade) vos affaires ne marchent pas bien, organisez-vous;
(morte) perte d'argent qui risque d'entraîner une faillite;
(battre sa –) vous n'exploitez pas bien vos possibilités.

Méridienne: initiatives, mouvement, projets de travail.

Méritant: *(être –)* vous avez un complexe de supériorité.

Merle: vous aurez affaire à un homme de lettres ou à un musicien.

Mésange: *(oiseau)* on essaie de vous mettre des bâtons dans les roues, ne vous laissez pas faire.

Mesurer: *(quelque chose)* méfiance injustifiée.

Métamorphose: *(grandir)* augmentation de vos revenus;
(devenir un enfant) mauvais présage pour un homme âgé;
(vieillir) maladie en perspective;
(se transformer en femme) vous trouverez un soutien;
(se transformer en homme) mariage en vue; pour une femme mariée: veuvage;
(devenir en or) conjurations et trahisons;
(se transformer en statue) présage positif uniquement pour les sportifs et les pauvres;
(devenir en fer) calamités;
(se transformer en animal) domination des instincts;
(se transformer en être difforme) longue maladie, déchéance.

Météore: symbole de bouleversement universel; bon présage pour les pauvres.

Métier: *(exercer un –) (classique)* vous réaliserez vos projets;
(inhabituel) présage positif si vous réussissez dans ce que vous faites et négatif dans le cas contraire.

Métier à tisser: voyages ou déplacements.

Mètre: parcimonie et prudence.

Meunier: *(voir un –)* vous admirez les gens actifs.

Meurtrier: *(être un –)* vous saurez tenir tête à un adversaire.

Miaulement: pour un homme: rival hypocrite en amour; pour une femme: amour qui n'est pas réciproque.

Miel: *(manger du –)* vous avez retrouvé votre sagesse.
Migraine: maladie d'un parent.
Militaire: *(être –)* noces probables.
Mille-pattes: *(voir un –)* symbole d'un homme mauvais et dangereux.
Millet: vous obtiendrez le minimum nécessaire.
Millions: *(avoir des –)* anxiété, craintes, appréhension.
Mime: tromperies, faillite.
Mimosa: aventure amoureuse de courte durée.
Mincir: vous ne parvenez pas à vous imposer, malgré vos qualités; maladie en perspective.
Mine: *(se trouver dans une –)* vous n'arrivez pas à trouver la solution à vos problèmes.
Mineur: *(être un –)* isolement, solitude dramatique.
Miniature: minutie, maniaquerie.
Miracle: *(assister à un –)* vos espoirs seront déçus.
Miroir: vous êtes éperdument amoureux.
Missionnaire: événement insolite inattendu.
Mite: vos amis envient votre réussite.
Modeler: *(de l'argile)* bon signe pour les entraîneurs sportifs, les femmes et les hommes publics.
Modiste: *(être –)* vous ne parvenez pas à vous épanouir.
Moelle: *(manger de la –)* renforcement de vos décisions.
Moine: *(rencontrer un –)* votre bonne étoile vous viendra en aide.
Moineau: *(voir un –)* modestie, qualités humaines.
Moisissure: *(sur des objets)* nostalgie, regrets.
Moissonner: *(hors saison)* affaire reportée à plus tard; *(pendant la saison)* aboutissement d'un projet de travail.
Mollusque: manque d'initiative.
Momies: *(voir des –)* crainte de rester au chômage.

Monastère: *(être dans un –)* vous menez une vie trop intense.

Monnaie: *(pièces de –)* propos désobligeants, tristesse.

Monstre: *(voir un –)* un événement modifiera vos habitudes.

Montagne: *(escalader une –)* épuisement physique et moral.

Monter: vous avez un courage sans égal.

Montre: inquiétude, peur de la mort.

Monument: pour un pauvre: redressement financier; pour un riche: stabilité économique.

Moquer (se): *(de quelqu'un)* vous n'êtes pas estimé par autrui.

Morbidité: énergie refoulée.

Mordre: vous savez surmonter les épreuves les plus rudes;
(dans du pain) vous ressentez le besoin de vous occuper davantage de vous-même;
(de la viande) c'est un symbole de réussite.

Morsure: *(recevoir une –)* votre dignité a été bafouée;
(infliger une –) vous vaincrez vos rivaux.

Mort: *(personne) (qui parle)* prophétie qui se réalisera;
(qui marche) engagements financiers importants;
(dans un lit) vous avez peur d'affronter l'avenir;
(dans un cercueil) période calme;
(qui ressuscite) scandale, ragots;
(triste) difficultés intérieures;
(s'accoupler avec un –) vie sentimentale tranquille;
(être embrassé par un –) vous n'obtiendrez rien avec des discours;
(échapper à la –) échec d'une aventure sentimentale;
(se donner la –) vous atteindrez rapidement votre but.

Mortier: une femme occupe une place importante dans votre cœur.

Mosquée: *(être dans une –)* respect envers un supérieur.

Moteur: *(en marche)* vie intérieure, exaltation spirituelle.

Mouche: rencontre d'une femme pleine de vie.

Moucher: *(une chandelle)* vos adversaires sont faibles et lâches.

Moucheron: *(dans un œil)* méfiez-vous des mauvaises langues.

Mouchoir: rupture amoureuse inévitable.

Moudre: *(du blé)* dissipation, dépenses excessives.

Mouette: pour un homme: rencontre d'une femme de tête; découverte d'une escroquerie dans votre travail; pour une femme: vous ne retrouverez pas votre ancien amour.

Moule: *(mollusque)* c'est la fin de vos ennuis.

Moulin: louanges et honneurs.

Mourir: problèmes en suspens; mariage.

Mousse: *(plante)* *(marcher sur de la –)* maladie des os.

Moustaches: *(épaisses)* fin d'une période de malchance;
(noires) vous recevrez une somme d'argent;
(blanches) une nouvelle vous bouleversera.

Moustiques: vous fréquentez des personnes médisantes qui disent du mal de vous dans votre dos;
(tuer des –) vous savez remettre les insolents à leur place.

Moutarde: *(manger de la –)* bon présage pour les médecins; pour les autres: fatigue, lassitude.

Mouton: *(voir un –)* votre adversaire est têtu;
(posséder un –) vous avez fait des progrès, poursuivez vos efforts;
(manger de la viande de –) deuil familial.

Muet: *(être –)* échec pour les philosophes, les hommes politiques; prospérité pour les artisans, les ouvriers et les paysans; pour une femme: manque de coquetterie.

Mulâtre: divergence d'opinions qui n'a plus lieu d'exister.

Mulet: résistance à la fatigue.

Multitude: *(de personnes)* trop de choix s'offrent à vous.

Munitions: *(avoir des –)* habileté à résoudre les problèmes.

Muraille: *(escalader une –)* vous surmonterez vos soucis actuels;
(être entouré d'une –) stabilité et sécurité.

Murer: *(quelque chose)* vous voulez oublier une période malheureuse de votre vie.

Mûres: *(manger des –)* ne parlez pas à tort et à travers.

Mûrier: vos affaires ne vont probablement rien vous rapporter.

Murs: *(d'une maison)* situation stationnaire.

Muscles: *(avoir des –) (développés)* travail stable;
(mous) vous ratez toutes les bonnes occasions.

Museau: *(avoir un –)* insatisfactions professionnelles.

Musée: *(se trouver dans un –)* diminution de vos activités.

Muselière: *(avoir une –)* vous ne savez pas vous mettre en valeur.

Mutation: *(en mieux)* bon signe pour les riches; mauvais présage pour les pauvres.

Muter: *(quelqu'un)* charme, puissance, autorité;
(se faire –) désir de stabilité, de sécurité.

Mutilation: *(subir une –)* difficultés matérielles, maladie.

Mystère: *(participer à un –)* confusion spirituelle.

Mythe: *(croire à un –)* illusions.

N

Nager: malaise spirituel, période de tristesse.

Nain: *(être un –)* affaiblissement physique.

Naissance: vous êtes mis au courant d'un événement louche.

Naître: *(une seconde fois)* gains considérables, héritage.

Nappe: *(propre)* bien-être, bonheur en amour;
(sale) vives contrariétés.

Nasse: intrigues, commérages humiliants.

Natte: *(être couché sur une –)* vous réussirez facilement à résoudre une énigme.

Naufrager: soucis financiers, peines de cœur.

Nausée: *(avoir la –)* votre vie sentimentale ne vous satisfait plus.

Navet: vos projets ne sont pas constructifs.

Naviguer: réussite et bonheur en perspective.

Navire: *(chargé de marchandises)* vous allez avoir l'occasion de saisir votre chance, ne perdez pas espoir;
(qui fait naufrage) votre humilité vous nuit;
(qui brûle) vous aimeriez lancer une innovation prochainement;
(qui est au port) calme, sérénité;
(transportant des passagers) de nombreuses idées vous traversent l'esprit en ce moment;
(de guerre) suspicion, méfiance.

Nèfles: mauvais présage.

Négligé: *(être –)* problèmes pécuniaires.

Négliger: *(ses enfants)* vous aimeriez avoir plus de liberté;
(son mari) vous allez laisser passer une occasion unique;
(sa femme) vous êtes envahi de doutes;
(ses frères) vous ne résistez pas assez à vos ennemis;
(ses parents) vous devez surveiller davantage vos dépenses;
(ses amis) vous ferez une carrière médiocre.

Négocier: *(une marchandise)* soyez plus audacieux en affaires.

Neige: *(pendant la saison)* idées fécondes, réussite assurée;
(hors saison) controverses judiciaires, embuscades;
(par temps glacial) initiatives vaines, report d'un voyage.

Nez: *(avoir un –) (bien fait)* sensibilité, clairvoyance en affaires; relations avec des personnages importants;
(difforme) grossièreté, manque d'intuition;
(ne pas avoir de –) conflits avec un supérieur; pour un malade, c'est un signe de mort.

Nichée: rencontre de très belles jeunes filles.

Nid: on vous offrira un soutien affectueux et désintéressé.

Noce: *(faire la –)* vie monotone, ennui.

Noël: excellente entente familiale.

Nœud: *(défaire un –)* vous verrez le bout du tunnel;
(faire un –) vous êtes trop attaché à vos parents.

Noisette: amertume, profonde tristesse.

Noix: troubles publics.

Nom: *(changer de –)* vous allez déménager;

(oublier son –) départ d'un enfant de chez soi ou perte de prestige.

Nombril: *(normal)* vie sereine et agréable;
(difforme) mauvaise santé des parents, voyage remis à plus tard.

Notaire: ordre et organisation.

Nourrice: protection et sécurité de courte durée;
(qui allaite) vous savez éviter les responsabilités;
(qui se promène) c'est un symbole d'inutilité;
(qui cajole) vous formez des projets pour les vacances.

Nourrir (se): désir de stabilité;
(avec voracité) vous réussirez votre carrière en travaillant très dur.

Nourrir à la cuiller: *(quelqu'un)* trop de personnes s'en remettent à vous pour résoudre leurs problèmes.

Nourriture: *(avaler de la –)* vous gagnez correctement et honnêtement votre vie.

Nouveau-né: *(dans sa famille)* ennuis dans tous les domaines;
(chez d'autres personnes) un piège vous est tendu;
(être un –) pour un homme: votre fils vous ressemblera et recevra la même éducation que vous; pour une femme: grossesse; pour une personne en difficulté: vous recevrez un soutien extérieur.

Nouvelle: *(recevoir une –)* menace de rupture amoureuse.

Noyé: *(voir un –)* vous avez rompu avec le passé.

Noyer (se): *(dans la mer)* une modification de vos projets vous créera des ennuis;
(dans une rivière) vous perdez votre temps en vous consacrant à des choses sans intérêt.

Nu: *(être –)* vous perdrez goût à la vie.

Nuages: *(blancs)* voyages; nouvelles ou personne en provenance de l'étranger;
(rouges) chômage, pessimisme;
(gris) peines de cœur, crises de larmes;
(noirs) douleur, événement malheureux;
(peints) vous êtes dans une situation ambiguë.

Nuit: actions honteuses à cacher.

Numéroter: *(des objets)* imprécision, retards.

Nuque: *(blessée)* profond chagrin lié à vos parents.

Nymphe: ne vous faites pas trop d'illusions.

O

Obéir: *(à quelqu'un)* on étouffe votre personnalité.
Obéissant: *(être –)* tout va pour le mieux.
Obélisque: *(voir un –)* ambition insatisfaite.
Obèse: *(voir une personne –)* ennemi facile à vaincre.
Objet: *(lourd)* aventure positive, joie de vivre;
(solide) vous réussirez à éviter une personne gênante.
Obligation: *(avoir une –)* remords pour une action du passé.
Obscène: *(acte –)* perfidie et perversion freinées par la raison.
Obscénités: imagination perverse, tournée vers le mal.
Obscurité: *(se trouver dans l'–)* difficultés d'adaptation.
Obtenir: *(quelque chose)* force de volonté, charme.
Occulter: vous craignez une personne autoritaire.
Oculiste: *(allez chez l'–)* votre avenir vous inquiète.
Odeur: *(mauvaise)* sale coup en vue;
(bonne) ne soyez pas sensible aux flatteries des hypocrites.
Œufs: gains, bon présage, surtout pour les médecins, les peintres et les malades.
Office: *(pièce)* pour un homme: votre femme est honnête; pour une veuve: vous désirez vous remarier.
Officier: bon présage;
(qui défile) vous allez faire un héritage;

(de marine) la chance vous sourit de nouveau;
(ivre) scandale difficile à dissimuler.

Offrir: *(un cadeau)* vous êtes possessif et égoïste.

Ogre: *(voir un –)* vous regretterez d'avoir mal agi.

Oie: *(voir une –)* bonnes perspectives de travail;
(manger de la viande d'–) avantages obtenus auprès de personnages influents après une lutte acharnée.

Oignons: *(voir des –)* bonnes nouvelles en perspective;
(manger des –) vous faites l'objet d'une machination.

Oiseau: symbole de la femme;
(de grande taille) mécontentement, insatisfaction;
(petit) avantages immédiats;
(en cage) vous en avez assez du train-train quotidien;
(qui s'enfuit) liberté retrouvée;
(mort) maladie et mort d'une amie;
(qui couve) union ou noces.

Oisillon: symbole d'une femme qui doit être protégée.

Oléandre: présence d'une vieille fille dans votre famille.

Olives: divertissements éphémères, coups bas;
(cueillir des –) vous ferez taire une mauvaise langue.

Olivier: vous irez loin dans la vie;
(chargé d'olives) liberté, pouvoir, amour.

Ombragé: *(arbre)* vous avez une vie assez facile.

Ombre: *(voir son –)* force de caractère, esprit en paix.

Omelette: vous savez remédier à vos ennuis.

Ongles: *(se couper les –)* vous avez une dette à payer très rapidement.

Onguent: ruine, misère morale et matérielle.

Opale: peines de cœur, souffrances.

Opéra: une cure thermale vous ferait du bien.

Opération: *(chirurgicale) (subir une –)* vous n'avez plus de craintes à avoir en ce qui concerne votre santé.

Opium: *(fumer de l'–)* perversion sexuelle.

Opprimé: *(être –)* vous n'êtes pas assez sûr de vous.

Or: vos objectifs ne seront pas faciles à atteindre.

Orage: vous serez bientôt libéré de vos soucis actuels.

Oraison: *(réciter une –)* lâcheté, craintes.

Ordonnance: *(médicale)* vous avez une imagination délirante.

Ordonner: vous n'osez pas avouer vos ambitions.

Oreiller: vous savez mettre votre personnalité en valeur.

Oreilles: *(avoir des –) (belles)* on dira du bien de vous;
(laides) médisances, ragots;
(se nettoyer les –) bonnes nouvelles, arrivée d'une lettre;
(avoir plus de deux –) de nombreuses personnes seront à vos ordres;
(perdre ses –) vous êtes las de mener une vie si monotone;
(épis qui poussent dans les –) vous recevrez de l'argent de l'un de vos frères;
(d'âne) bon signe pour les hommes politiques et les personnes instruites; pour les autres: humiliations, restrictions;
(d'une bête féroce) vous serez calomnié.

Orfèvre: *(être chez un –)* ne ratez pas une occasion propice.

Organe: *(sexuel)* masculin: voir "membre" p. 130; féminin: il symbolise votre état d'âme; malade: peurs, profonds chagrins.

Organisme: *(en bonne santé)* fortune, présage bénéfique; *(malade)* mauvais sort.

Orgasme: *(atteindre l'–)* avarice, pudeur excessive.

Orge: pour une femme: vous devrez faire des efforts; pour un homme: vous avez une femme patiente.

Orme: bon présage pour les artisans; pour les autres: vous dépenserez plus que vous ne gagnez.

Orphelin: *(être –)* cessez de vous plaindre en permanence; *(voir un –)* vos ambitions seront déçues.

Ortie: vos espoirs ne se concrétiseront pas.

Os: *(d'animaux)* événements imprévus heureux; *(d'un mort)* vous l'emporterez sur tous vos rivaux.

Osier: *(tresser de l'–)* vos affaires vont se compliquer et se prolonger.

Ossature: *(voir son –)* bien-être et fortune.

Ôter: *(son chapeau)* vous êtes victime de commérages;
(ses chaussures) renouvellement;
(ses bas) maladie bénigne;
(ses vêtements) vous changerez d'habitudes, mais votre niveau de vie sera moins élevé.

Ouïe: *(fine)* vous voulez percer un secret.

Ours: vous ferez un voyage assez près de chez vous.

Ourse: elle symbolise une femme d'intérieur.

Oursin: on essaiera de vous évincer.

Outil: *(de travail)* vos affaires sont prospères.

Outrage: *(subir un –)* faiblesse de caractère, orgueil.

Ouvrir: *(les yeux)* vous sortez victorieux d'un conflit amoureux;
(la porte de sa maison) attendez-vous à un grand changement;
(une lettre) vous regrettez que l'on vous ait confié un secret.

P

Pacte: *(conclure un –)* clairvoyance, attachement à l'argent.
Pages: *(d'un livre)* souvenirs de jeunesse.
Paille: *(voir de la –)* ayez confiance et soyez patient.
Pain: *(manger du –)* présage très favorable, prospérité;
(cru) fièvre violente;
(jeter du –) condamnation judiciaire;
(faire cuire du –) bonheur, allégresse, joie de vivre.
Palais: *(être dans un –)* ambitions frustrées;
(voir un –) inquiétudes pour un enfant; tristesse.
Palais buccal: *(douloureux)* échec pour les orateurs, les personnes cultivées et les hommes politiques.
Palette: *(de peintre)* symbole d'une femme soumise et obéissante.
Palier: situation instable.
Palissade: *(voir une –)* vous êtes une proie facile pour vos adversaires;
(peindre une –) présage positif si vous entreprenez un voyage.
Palmier: mariage avec une personne indépendante.
Palper: *(une partie de son corps)* problèmes financiers;
(une femme) commérages sans importance;
(un homme) lettre porteuse de bonnes nouvelles.
Pampre: *(de vigne)* méfiez-vous des intrigants.

Panache: *(sur un cheval)* pour une femme: vous serez courtisée par un homme riche; pour un homme: vous aurez un rival en amour.

Panier: *(de jonc)* vous aurez de nombreux et fidèles amis; *(tresser un –)* sachez attendre votre heure pour agir.

Pantalon: *(en laine)* des soucis vous seront épargnés;
(en coton) vous êtes en très bonne santé;
(percé) votre frère risque d'avoir un accident.

Panthère: amour malheureux, infidélités.

Pantin: incorrection, méfiance.

Pantois: *(être –)* naïveté d'esprit.

Pantoufles: *(porter des –)* vie monotone, mais agréable.

Paon: il symbolise une personne qui a du goût.

Pape: *(voir le –)* admiration pour les personnes qui réussissent;
(être le –) ambition effrénée.

Papetier: vous aimeriez avoir une vie plus mouvementée.

Papier: *(à lettres)* bonnes nouvelles d'un parent éloigné;
(déchiré) vous ne recevrez pas la réponse que vous attendiez;
(coloré) un piège subtil vous est tendu.

Papillon: inconstance, légèreté.

Pâques: *(être le jour de –)* vos espoirs seront déçus.

Paquet: vous avez commis une erreur tactique.

Parabole: *(écouter une –)* vous n'exploitez pas assez votre imagination et votre créativité.

Parachute: *(voir un –)* événement sans importance;
(sauter en –) dégradation progressive de votre situation financière.

Paradis: *(se trouver au –)* vie facile, aisée, mais ennuyeuse.

Paragraphe: *(lire un –)* une sombre affaire sera oubliée.

Parapet: *(s'appuyer au – d'un pont)* vie affective satisfaisante;
(absence de –) vous vous sentez incompris et mal aimé.

Parapluie: vous êtes plein de ressources.

Parasol: vous avez peur d'agir.

Paratonnerre: vous redoutez l'inconnu.

Paravent: aventure amoureuse illégitime.

Parc: *(fréquenté)* bavardages, conflits sans gravité;
(désert) calme et maîtrise de soi en toutes circonstances.

Parchemin: *(dérouler un –)* une explication entre conjoints s'avère nécessaire.

Pardon: *(recevoir le –)* vous souffrez de l'autoritarisme de l'un de vos parents.

Pardonner: conflit entre amis non résolu.

Parents: symbole des biens meubles et immeubles que l'on possède;
(en bonne santé) tout va pour le mieux;
(malades) résultats incertains.

Parer (se): *(de bijoux en général)* vous allez sans doute tomber malade;
(de colliers) vous voulez vous libérer d'un amant qui ne vous apporte plus rien;
(d'une médaille) troubles sexuels.

Paresser: inactivité non voulue, manque de travail, déprime.

Paresseux: *(se sentir –)* vous vous sentez coupable.

Parfum: *(flacon de –)* symbole d'un amant illégitime.

Parfumer (se): bon présage pour les femmes fidèles; scandale et punitions pour les infidèles; pour les hommes: ne commettez aucun acte déshonorant et lâche.

Parier: vous allez probablement gagner au jeu.

Parler: *(en public)* vous désirez aller loin;
(fort) vous voulez que l'on vous donne raison;
(d'affaires) vous travaillez trop en ce moment;
(à l'oreille de quelqu'un) besoin d'affection, de protection.

Parloir: vous voulez faire connaître vos idées.

Paroi: *(être entouré d'une –)* vous avez l'impression que l'on étouffe votre personnalité;
(écroulement d'une –) préoccupations, incidents regrettables.

Parrainer: *(un organisme public)* égoïsme, asociabilité.

Parricide: vous êtes obsédé par vos affaires; reposez-vous.

Partie: *(de cartes) (gagnée)* ambition couronnée de succès;
(perdue) ambiguïté d'une personne de votre entourage.

Partir: vous aimeriez faire de nouvelles connaissances.

Parvenu: *(être –)* un adversaire l'emportera sur vous.

Pas: *(entendre des –)* votre manie de persécution vous nuira.

Passage: *(libre)* vos initiatives seront encouragées.

Passager: *(être un –)* insatisfaction passagère.

Passant: *(être un –)* solitude, manque d'affection.

Passer: *(des examens)* vous doutez de vos capacités;
(un pont) vous mettrez fin à un conflit;
(un fleuve) vous éviterez un accident de justesse;
(dans l'autre monde) union sentimentale heureuse;
(le temps) le retard de certains événements vous agace.

Pastèque: vos projets vont s'envoler en fumée; méchanceté d'autrui.

Pastilles: *(sucer des –)* changement de programme.

Pâtés: (faire des –) (taches d'encre) manque de détermination.

Pâtes: *(manger des –)* vie tranquille et traditionnelle.
Pâtissier: *(être chez le –)* ennuis en perspective.
Patriarche: solide héritage financier.
Patrimoine: *(hériter d'un –)* disputes familiales;
(dilapidé) période de vaches maigres, surtout pour les artistes et les femmes.
Patron: dispute avec un supérieur.
Patrouille: *(de soldats)* vous êtes persécuté par des personnes ayant un caractère possessif.
Patte: *(d'aigle)* vous serez victime de la mauvaise humeur d'un supérieur;
(de chat) vous vivrez un conflit amoureux;
(du diable) vous êtes mécontent de vous-même;
(avoir des pattes d'animaux) vous fuyez vos responsabilités.
Pâturage: *(voir un –)* vous êtes trop sentimental.
Pause: *(faire une –)* attente d'une réponse de la personne aimée.
Pauvre: *(voir un –)* espoirs vains;
(être –) aucune surprise agréable en vue.
Pavillon: *(voir un –)* curiosité excessive et mal placée;
(posséder un –) vous voulez préserver votre intimité.
Payer: vous repousserez une échéance.
Pays: *(visiter un – inconnu)* vous n'êtes pas content de votre vie actuelle.
Paysage: *(voir un –)* vous vous montrez froid et distant vis-à-vis d'une personne qui vous aime.
Paysan: *(être un –)* vous menez une vie déréglée;
(rencontrer un –) soyez plus clairvoyant;
(voir un –) bonnes nouvelles, bonheur.
Péage: *(payer un –)* personne ne vous demande de vous justifier.

Peau: *(saine)* destin heureux, présage positif;
(malade) souffrances, malheur;
(d'animaux) vous remporterez une victoire sur vos ennemis.

Pêcher: *(au filet)* vos projets ne verront pas le jour;
(à l'hameçon) tromperies, pièges.

Pécher: pour une femme: exubérance réprimée; pour un homme: excès de sérieux, manque de fantaisie.

Pêcheur: *(voir un –)* luxure, libertinage.

Pédagogue: *(être un –)* vous êtes votre propre bourreau.

Pédéraste: *(être –)* avantages offerts par un supérieur.

Peigne: il symbolise le temps; il faut vous montrer patient.

Peigner (se): avec le temps, tout va s'arranger.

Peindre: *(une toile)* créativité réprimée; pour une femme: adultère;
(un mur) désir de célébrité, ambition.

Peine de prison: *(purger une –)* dépression nerveuse.

Peintre: *(être un –)* vous ne tirez pas assez parti de votre créativité.

Peler: *(des pommes de terre)* vous découvrirez à temps le complot qui se trame contre vous.

Pélican: il symbolise un homme irréfléchi.

Pelle: efforts pour obtenir de bons résultats.

Pelote: *(de laine)* la personne aimée se comporte de façon énigmatique; chagrins sentimentaux;
(de ficelle) poursuivez vos efforts professionnels.

Pelotonner (se): on vous empêche d'exercer votre activité.

Pendentif: pour une femme: vous rencontrerez un homme sensuel, très riche; pour un homme: ne parlez pas à tort et à travers.

Pendre (se): vous traversez une période difficile.

Pendule: vous avez un contrat à remplir en temps limité.

Pénétrer: *(dans un lieu)* vous vous efforcez de trouver des échappatoires pour vous tirer d'embarras.

Péninsule: *(se trouver sur une –)* vous jouirez de nombreux avantages économiques.

Pénitence: *(faire –)* vous vous sentez coupable.

Pénombre: *(être dans la –)* désir de tranquillité.

Penser: vous faites preuve d'une rationalité excessive.

Pension: *(être dans une –)* vous voulez garder l'anonymat; *(payer une – alimentaire)* vous voulez vous sentir en sécurité sur le plan matériel.

Pente: *(descendre une –)* déception amoureuse.

Perche: *(poisson)* vos rêves se matérialiseront; *(sauter à la –)* soyez patient, ne brusquez pas les choses inutilement.

Perdre: *(quelque chose)* un projet tombera à l'eau; *(un objet auquel l'on tient)* malaise spirituel; *(des vêtements)* chagrins en perspective; *(des bijoux)* pour une femme: fin d'une situation privilégiée; pour un homme: votre femme a décidé de vous quitter; *(de l'argent)* vous vivez au-dessus de vos moyens; *(se – dans un bois)* peurs qui remontent à votre enfance; *(se – dans une foule)* vous avez une personnalité émotive.

Perdrix: une femme acariâtre sera ingrate à votre égard; *(morte)* vous vous débarrasserez d'une femme égoïste.

Perdu: *(objet –)* ne laissez pas passer une occasion, car elle ne se représentera pas une seconde fois.

Père: *(en bonne santé)* tout va pour le mieux;

(malade) vous aurez mal à la tête ou à la gorge; *(mort)* faites-vous examiner par un médecin.

Perfidie: *(de quelqu'un)* suspicion à l'égard d'un homme.

Perforer: *(un mur)* vous travaillez trop.

Perles: *(au cou)* crise de larmes, énervement.

Perroquet: il symbolise les femmes qui ont le goût du luxe.

Perruque: vous voulez faire croire que vous êtes riche; *(de femme)* vous accordez trop d'importance aux apparences.

Persil: aucune nouveauté en ce moment.

Personne: *(amie)* bon présage dans tous les domaines; *(ennemie)* mauvais présage, méchanceté d'autrui; *(inconnue)* elle symbolise vous-même, en bien ou en mal.

Perturbation: *(atmosphérique)* contretemps imprévu.

Pervers: *(être –)* désirs sexuels inassouvis.

Peser: *(des marchandises)* vous avez la situation bien en main.

Peste: *(avoir la –)* soucis d'argent considérables.

Petit: *(être – de stature)* tristesse, découragement.

Petits pois: *(voir des –)* vous réussirez à convaincre qui vous voudrez.

Pétrir: vous reverrez une personne que vous appréciez.

Peuple: *(être parmi le –)* vous désirez progresser, mais vous ne savez pas quel chemin prendre pour y arriver.

Peuplier: bon présage pour les sportifs qui s'apprêtent à participer à une course.

Peur: *(avoir –)* votre vie ne correspond pas du tout à ce que vous souhaiteriez.

Phare: un conflit prendra fin.

Pharmacien: vous êtes bien conseillé.

Phoque: un fait insolite vous marquera.
Phtisie: *(avoir la –)* vous avez du mal à vivre.
Piano: *(jouer du –)* un événement inhabituel va égayer votre vie.
Pic: *(oiseau)* il symbolise une femme entreprenante et têtue.
Pickpocket: vous négligez votre partenaire.
Pie: symbole d'une femme astucieuse et très exigeante.
Pièce: *(bien meublée)* vous avez la conscience tranquille; *(en désordre)* vous traversez une période difficile; *(pleine de toiles d'araignée)* vous allez subir une défaite.
Pièce de théâtre: *(jouer une –)* faste, luxe.
Piédestal: *(être sur un –)* vous ne voulez pas voir la triste réalité en face.
Pieds: *(bien portants)* regain d'activité, loisirs; *(douloureux)* vos initiatives sont destinées à échouer; *(avoir plus de deux –)* excellent signe pour un patron d'entreprise; pour une femme: nombreux enfants; *(nus)* vous voudriez être plus indépendant.
Piège: *(tomber dans un –)* infantilisme, naïveté; *(préparer un –)* succès remporté de façon malhonnête.
Piéger: *(quelqu'un)* avances amoureuses repoussées.
Pierre: *(être en –)* vous manquez de sensibilité; *(avoir un front en –)* vous avez un sacré culot; *(statue divine en –)* événement favorable.
Pierres précieuses: noces, gains, richesse; *(posséder des)* stabilité financière.
Piétiner: *(quelque chose)* votre jalousie ne se justifie pas.
Piéton: *(être un –)* maigres satisfactions; *(renverser un –)* remords liés à un abus de pouvoir.
Pigeon: déguisement, changement, déménagement; *(qui roucoule)* vous désirez être laissé tranquille;

(voyageur) vous ne verrez plus la vie de la même façon.

Pilier: *(voir un –)* vous aspirez au succès, mais vous n'êtes pas suffisamment persévérant pour le conquérir.

Piller: votre avenir se présente plutôt mal.

Piloter: *(un bateau)* vous atteindrez votre but avec peine; *(un avion)* votre carrière est toute tracée.

Pilotis: situation précaire, craintes pour l'avenir.

Pilule: *(avaler une –)* vous croyez à tort que les choses s'arrangeront toutes seules.

Pinacothèque: *(visiter une –)* sens de l'esthétique très développé, amour de l'art.

Pinceau: pour une femme: besoin d'un homme sensuel et sensible; pour un homme: vous dissimulez vos côtés efféminés.

Pinède: *(se trouver dans une –)* vos efforts seront couronnés de succès.

Pinson: écoutez les conseils d'une femme brune.

Piocher: *(la terre)* une affaire se terminera bien.

Pion: *(de jeu)* succession d'ennuis plus ou moins graves.

Pipe: *(fumer la –)* timidité à l'égard d'un supérieur.

Pipeau: *(jouer du –)* vous aurez le dernier mot dans une dispute sans importance.

Piqûre: *(recevoir une –)* petit incident ou malaise.

Pirogue: *(être sur une –)* sautes d'humeur.

Pistolet: *(avoir un – en main)* vous voudriez avoir plus de force de caractère.

Pistonné: *(être –)* vous voulez réussir sans faire d'efforts.

Pitié: *(éprouver de la –)* vous vous plaignez beaucoup.

Placard: *(habiter dans un –)* votre modestie vous rendra heureux;
(être enfermé dans un –) une situation difficile vous préoccupe.

Place: *(se trouver sur une –)* vos affaires se compliquent.

Plage: *(être allongé sur une –)* vos doux espoirs seront exaucés;
(salir une –) vous obtiendrez des avantages immédiats.

Plaies: *(avoir des –)* malaise, culpabilité.

Plaignant: un adversaire essaie de vous humilier.

Plaindre (se): vous vous réjouirez d'un événement positif.

Plaine: *(se trouver dans une –)* solitude, peur de l'inconnu.

Plainte: *(porter –)* vous n'avez pas le courage d'exprimer vos souhaits les plus chers.

Plaisanterie: *(faire une –)* vous avez trop de temps libre.

Planche: *(de bois)* vous avez l'ambition de réussir votre vie.

Plancher: *(regarder un –)* prudence et craintes excessives.

Planter: *(des arbres)* le succès vous est assuré;
(des légumes) vous allez semer le trouble derrière vous;
(des graines) vous avez de grands projets, notamment celui d'une union amoureuse.

Plantes: *(d'intérieur)* bon signe pour les artisans; pour les autres: difficultés matérielles et souffrances spirituelles;
(de jardin) la chance vous sourit, profitez-en;
(qui poussent sur le corps) vous risquez de subir une opération chirurgicale.

Platane: période de difficultés financières.

Plate-bande: votre histoire d'amour ne va pas durer longtemps.

Plate-forme: *(être sur une –)* votre attitude provocatrice vous créera de nombreux embêtements.

Plateau: bien-être, haut niveau de vie.

Plateau de télévision: *(être sur un –)* vous êtes sûr de vous.

Plâtre: vous voudriez arrêter le temps.

Pleurer: vous regrettez de vous être mal comporté.

Pli: *(ouvrir un –)* vous êtes curieux et indiscret.

Plis: *(d'une étoffe)* complications et subterfuges.

Plomb: *(boule de –)* une aventure sentimentale se conclura de façon dramatique;
(dent ayant un –) scandale et déshonneur en perspective.

Plonger: *(dans l'eau)* vous serez soulagé d'une douleur.

Pluie: *(torrentielle)* richesse, bonheur en amour; mauvais présage pour ceux qui doivent entreprendre un voyage;
(fine) affaires sans importance.

Plumer: *(des oiseaux)* certains membres féminins de votre famille se font exploiter.

Plumes: *(de paon)* souffrances infligées par une femme riche;
(d'oiseaux en général) ragots de commères;
(pour écrire) pensées inexprimées.

Poches: *(pleines)* situation de grande aisance matérielle qui sera difficile à maintenir;
(vides) vous devez luttez pour joindre les deux bouts.

Poêle: *(à frire)* pour un homme: votre femme est gourmande; pour une femme: vous allez perdre quelque chose;
(à bois) il symbolise une femme maternelle.

Poète: *(être un –)* n'écoutez pas les discours flatteurs.

Poignard: *(avoir un –)* vous prendrez une décision audacieuse.

Poignée: *(de porte)* on vous fera une proposition inattendue.

Poils: *(qui poussent sur la langue)* vous n'osez pas vous exprimer en public;
(qui poussent sur les mains) inactivité forcée;
(qui poussent sur les seins) vous n'avez pas d'homme dans votre vie;
(qui poussent sur le membre viril) vous vivez comme un moine.

Poinçon: *(tenir un – en main)* personne n'osera vous contredire.

Pointe: *(d'un objet)* votre sagacité vous permettra d'éviter un danger.

Poire: aventure amoureuse illégitime.

Poireau: hargne et rancunes au sein de votre famille.

Poirier: votre nouvel amour va vous causer des ennuis.

Pois chiches: deuil dans votre famille.

Poison: *(administrer du –)* vous vous repentirez de vos actes malveillants;
(prendre du –) naïveté, crédulité.

Poisson: *(de grande taille)* vos gains vont s'accroître;
(de petite taille) contrariétés, manque d'argent;
(multicolore) on essaie de se jouer de vous;
(crustacé) voyages, déplacements;
(plats de –) dangers imminents;
(écaillé) vos désirs ne seront pas comblés;
(d'eau douce) de petits espoirs vous sont permis;
(manger du –) brouille avec des personnes chères;
(mort en mer) projets qui n'aboutiront à rien.

Poissonnier: évitez les importuns.

Poitrine: *(intacte)* vous êtes maître de votre destin;
(blessée) votre conjoint vous fait souffrir.

Poivrer: *(des aliments)* vous avez envie de faire des folies.

Poivron: il symbolise un homme ayant mauvais caractère.

Poix: vous allez perdre une occasion en or.

Polygame: *(être –)* vous aimez commander les autres.

Pomme: *(manger une –)* plaisirs érotiques

Pommes de pin: *(ramasser des –)* vous détenez l'avantage.

Pommes de terre: *(tas de –)* vous allez découvrir des faits compromettants;
(manger des –) l'un de vos secrets sera divulgué.

Pompiers: *(voir des –)* vous comptez beaucoup sur les autres.

Pompon: *(blanc)* affaiblissement physique;
(noir) inquiétude, peur de la mort.

Ponce: *(pierre –)* vos souhaits les plus chers ne se réaliseront jamais.

Pont: *(passer sur –)* carrière facile et brillante;
(se transformer en –) mépris public, déconsidération.

Porcelet: tout va bien dans tous les domaines.

Port: *(mouiller dans un –)* décontraction, protection, sécurité.

Portail: *(fermé)* vous êtes esclave d'une situation que vous voudriez changer;
(ouvert) vous avez l'embarras du choix;
(qui s'écroule) déplacements non désirés;
(branlante) une personne qui vous protège vous manque.

Porte: *(d'entrée) (ouverte)* vos projets se réaliseront ainsi que vous l'aviez prévu;
(fermée) empêchements et retards;
(ne pas trouver la –) vous remettrez un voyage à plus tard.

Porte cochère: *(fermée)* ne vous faites pas d'illusions.

Porte-monnaie: attention au piège qui vous est tendu.

Porté: *(être –)* on refusera de vous aider.

Porter: *(des objets)* ne vous laissez pas dominer par autrui;
(une lettre) vous voudriez divulguer un secret.

Porteur: *(voir un –)* vous échapperez à une corvée.

Portière: *(ouvrir une –)* vous vous lancez dans un nouveau projet.

Portrait: *(bien fait)* vous n'avez aucune inquiétude à avoir au sujet de vos enfants et de votre état de santé.

Position: *(être dans une – inconfortable)* difficultés à surmonter, santé à surveiller.

Posséder: *(des terrains)* vous êtes très matérialiste;
(des maisons) personnalité ambiguë, impossible à cerner;
(une belle femme) niveau de vie élevé;
(un beau mari) vous n'aurez aucun problème financier;
(charnellement un inconnu) rentrées d'argent, malheur en amour.

Poster: *(une lettre)* vous voudriez révéler un secret.

Pot: *(de peinture, etc.)* nostalgie.

Potage: *(manger du –)* de petits ennuis vont vous empoisonner la vie pendant quelque temps.

Potager: *(cultiver un –)* vous êtes en train de vous créer des problèmes.

Poteau: un avertissement vous fera réfléchir.

Potion: *(boire une –)* difficultés à surmonter.

Poudre: *(se mettre de la –)* maladie imaginaire.

Poulailler: *(se trouver dans un –)* prises de bec entre femmes.

Poulain: pour une femme: amant très jeune; pour un homme: jeune rival excentrique.

Poule: rencontre d'une dame âgée manquant de sens critique.

Poule d'eau: bien-être et santé de fer.

Poulets: *(voir des –)* vous ferez taire les mauvaises langues.

Poulpe: succès d'une personne cynique ayant de nombreuses ressources et des amis bien placés.

Poumons: *(en bonne santé)* votre conjoint vous est attaché;
(malades) votre partenaire vous trompe en cachette.

Poupée: votre amour n'est pas partagé.

Pourboire: *(donner un –)* votre orgueil vous nuira;
(recevoir un –) vous manquez d'ambition.

Pourpre: *(manteau de couleur –)* éloignement de vos amis.

Poursuivi: *(être –)* mariage avec une personne riche et belle, mais tyrannique et orgueilleuse.

Poursuivre: *(son chemin)* ne perdez pas courage, vous voyez le bout du tunnel.

Poussière: *(sur des objets)* vous avez tendance à toujours reporter vos devoirs à plus tard.

Poussins: innocence, solidarité entre amis.

Poutre: *(qui tombe)* mort d'un parent.

Poux: *(avoir des –)* préoccupations, soucis d'argent;
(se débarrasser de ses –) votre courage vous permettra d'affronter n'importe quelle situation.

Pratiquant: *(être –)* vous ne croyez pas en vous-même.

Pré: vous aspirez à une vie calme et tranquille;
(fleuri) des personnes hypocrites vous causeront des ennuis.

Précieux: *(acheter des objets –)* dépenses inconsidérées.

Précipice: *(regarder dans un –)* peurs inavouées, faiblesse; *(tomber dans un –)* mauvais présage, perte d'un objet; *(voir un – de loin)* introversion.

Prédire: *(l'avenir)* vous êtes charmant, mais peu sincère.

Préface: *(lire une –)* ignorance, insensibilité.

Préfecture de police: *(être à la –)* vous craignez que l'on ait quelque chose à vous reprocher.

Prélats: *(voir des –)* lettres ou nouvelles surprenantes.

Préparer: *(un repas)* complicité dans une histoire louche; *(se – à une entreprise)* prolongation d'une affaire; *(se – à un voyage)* vous êtes de nature résignée; *(se – à une fête)* idées créatives.

Présenter (se): *(à quelqu'un)* vous voulez sortir de votre médiocrité.

Président: *(d'une société) (voir le –)* vous vous lierez d'amitié avec un personnage important; *(être le –)* période de grand calme.

Presser: *(des olives)* vous exploitez une femme.

Prestidigitation: *(tours de –)* vous vous enrichirez en organisant une escroquerie.

Prêt: *(demander un –)* victoire éclatante sur vos rivaux; *(octroyer un –)* danger en vue, hostilités; *(recevoir un –)* vos amis vous seront infidèles.

Prétendant(e): pour une femme: solitude amère; pour un homme: demande d'un service.

Prêtre: *(être –)* vous agissez avec clarté et honnêteté; *(voir un –)* vous recevrez un soutien inattendu; *(dans une procession)* vos projets tarderont à démarrer.

Prier: *(dans une église)* caractère concret et exubérant; *(quelqu'un)* vous n'osez pas réclamer votre dû.

Prince: *(voir un –)* un homme puissant ne vous accordera aucune aide;
(être un –) rapports sentimentaux difficiles, disputes.

Princesse: *(voir une –)* une affaire compliquée vous donne du fil à retordre.

Prison: *(être en –)* votre avenir est sombre;
(sortir de –) vos idéaux ne se réaliseront pas.

Prix: *(recevoir un –)* vous avez besoin de prendre des loisirs.

Problème: *(résoudre un –)* soucis pécuniaires.

Procès: *(assister à un –)* troubles psychiques, dépenses stupides.

Procession: *(voir une –)* vous aimeriez venir à bout d'une question complexe;
(participer à une –) concentrez-vous sur vos problèmes.

Procréer: énergie créative; bon présage pour les artistes; pour une femme: vous allez devoir affronter de sérieux ennuis.

Prodige: *(accomplir un –)* confiance et obéissance.

Profaner: *(un lieu sacré)* vous souhaitez laisser tomber certains de vos engagements.

Professeur: *(voir un –) (de musique)* vous n'avez pas les pieds sur terre, soyez plus réaliste;
(de lettres) une personne cultivée vous barre le chemin;
(de mathématiques) vous ne savez pas gérer vos biens.

Profession: *(habituelle)* vous arriverez à vos fins;
(inhabituelle) poursuivez vos efforts, vous êtes sur la voie de la réussite.

Profil: *(voir une personne de –)* vous vous sentez coupable.

Programme: *(lire un –)* les décisions d'autrui vous empêchent d'aller de l'avant;
(élaborer un –) dépendance financière et morale.

Projets: *(faire des –)* votre vie actuelle vous déçoit.

Prolonger: *(la vie)* mort de la personne dont la vie est prolongée;
(une union sentimentale qui ne repose plus sur rien) vous vivez sans croire au futur.

Promener (se): liberté d'action.

Promettre: *(quelque chose)* malaise, inquiétude.

Promontoire: difficultés passagères à surmonter.

Promotion: *(obtenir une –)* votre mère vous étouffe.

Prononcer: *(une sentence)* honneurs, estime, ascension sociale;
(une phrase) vous n'êtes pas assez entreprenant.

Prophète: *(être un –)* égocentrisme, vantardise.

Prophétie: *(écouter une –)* avertissement, invitation à la prudence.

Proposition: *(recevoir une –)* vous laissez fuir les occasions.

Propriété: *(avoir une –)* résolution d'un problème.

Proroger: *(une échéance)* vous ne pourrez pas partir en vacances cette année.

Prospérité: pour un pauvre: signe d'amélioration; pour un riche: dilapidation de vos biens; pour une femme: vous recevrez le soutien d'un vieil ami.

Prostituée: *(être une –)* soyez courageux, vous vous en sortirez;
(fréquenter une –) défaite de faible importance.

Prostration: vous voulez vous montrer fort et sûr de vous;
(due à une maladie) dégradation de vos finances.

Protéger: *(quelqu'un)* pour un homme: position élevée; pour une femme: besoin de materner.
Protester: vous ne savez pas faire valoir vos arguments.
Proue: *(d'une embarcation)* un subalterne vous fera une suggestion intéressante.
Prouesse: *(faire une –)* vanité, convoitise.
Providence: *(croire en la –)* vous êtes trop résigné.
Provisions: *(avoir des –)* vous êtes entouré d'affection.
Provocateur: *(être un –)* impudeur, luxure, dépravation.
Prudent: *(être –)* jalousie masquée.
Prune: surveillez la santé de vos enfants.
Prunier: votre condition vous empêche de progresser.
Puanteur: *(sentir une –)* vous pressentez que vous allez traverser une période sombre.
Public: *(avoir un –)* vous aspirez à la célébrité.
Puces: *(avoir des –)* petits ennuis d'argent passagers;
(tuer des –) vous surmonterez vos peines de cœur.
Pudeur: *(éprouver de la –)* des blocages vous empêchent d'être vous-même.
Puer: vous êtes déloyal avec vos amis.
Puiser: *(de l'eau)* ambition, réussite sociale;
(du vin) cela symbolise un jeune homme honnête et sincère.
Puissant: *(combattre un individu –)* mauvais rapports de travail;
(être –) santé de fer, réussite en amour.
Puits: vous vous inquiétez pour un parent qui est malade.
Pull-over: *(en laine)* confort, aisance matérielle.
Punaise: *(animal)* une personne vous exploite.
Punir: *(ses enfants)* vous supportez mal les responsabilités;
(des animaux domestiques) vous êtes présomptueux.

Pupilles: *(en bonne santé)* vos enfants ont hérité de vos meilleures qualités;
(malades) vos enfants vous donnent des soucis.

Pupitre: *(pour partitions de musique)* méfiez-vous du charme trompeur de certaines personnes.

Purge: *(prendre une –)* vous voulez éclaircir une affaire qui vous semble louche.

Purifier (se): vous avez quelque chose à vous reprocher.

Pus: *(avoir du –)* maladie sans gravité.

Pustules: *(avoir le visage couvert de –)* présage négatif en ce qui concerne le travail et les rapports sociaux.

Putréfaction: stagnation dans tous les secteurs; rupture sentimentale probable.

Putréfié: *(être –)* vous allez à la dérive; mort spirituelle.

Pyramide: *(voir une –)* vous vivrez une relation amoureuse mystérieuse et énigmatique.

Q

Quadrige: *(être sur un –)* présage de mort.

Quadrille: *(danser le –)* vous avez besoin de contacts sociaux.

Quadrupède: *(en mouvement)* augmentation de vos revenus;
(à l'arrêt) chômage, agitation, pensées noires.

Quais: *(se promener sur les –)* vous ne savez pas vous décider.

Qualifié: *(être –)* votre profession ne vous satisfait pas.

Qualifier: *(quelque chose)* vous êtes maniaque de la précision.

Qualité: *(veiller à la –)* vous défendrez votre dignité.

Quarantaine: *(être en –)* vous avez peur de la solitude.

Quart d'heure: hâte et appréhension.

Quartier: *(d'orange ou de mandarine)* rupture amoureuse;
(d'une ville) (connu) votre vie est très régulière;
(inconnu) vous aimeriez partir vivre à l'étranger.

Quartz: sachez ménager vos arrières.

Quatrain: *(de poésie)* vous vivez une relation amoureuse sereine.

Quatuor: *(de musiciens)* harmonie intérieure, vie agréable.

Quenouille: symbole d'isolement, d'immobilité.

Querelle: *(amoureuse)* relation d'amour durable.
Quereller (se): résolution d'un problème en suspens.
Question: *(débattre d'une –) (entre amis)* vous critiquez beaucoup les autres;
(avec sa femme) inquiétudes au sujet d'une affaire en cours;
(avec son mari) situation financière médiocre;
(avec son amant[e]) vous en voulez beaucoup à quelqu'un;
(avec ses parents) ne vous laissez pas aller dans votre travail.
Questionner: *(quelqu'un)* jalousie contrôlée.
Quête: *(faire la –)* on refusera de vous aider.
Queue: *(avoir une –)* insouciance et légèreté;
(d'un animal) mariage ou relation avec une personne excentrique;
(de son animal domestique, coupée) votre conjoint vous trompe à votre insu.
Quille: *(service militaire)* on vous fera une proposition intéressante.
Quilles: vous vous libérerez d'une obligation.
Quinte: *(cartes)* problèmes à résoudre d'urgence.
Quotidien: *(lire un –)* sens pratique, rationalité.
Quotient: *(mathématique)* votre travail est la seule chose qui vous intéresse; manque de sensibilité.

R

Rabbin: *(voir un –)* soyez prudent et tout marchera très bien.

Raboter: pour un pauvre: espoir d'un avenir meilleur; pour un riche: perte de grosses sommes d'argent.

Raccommoder: *(du linge)* votre diplomatie va vous servir; *(des vêtements)* vous avez les pieds sur terre.

Raccourci: *(prendre un –)* ne prenez pas d'initiatives avec légèreté.

Raccourcir: *(un parcours)* vous voulez réussir rapidement; *(son travail)* vous devriez prendre quelques jours de vacances;
(une œuvre) votre instabilité vous jouera de mauvais tours;
(sa vie) votre empressement amoureux peut vous nuire.

Race: *(d'animaux)* vous savez reconnaître les qualités de vos collègues de travail.

Rachitique: *(être –)* la santé de vos parents vous préoccupe.

Racines: *(d'un arbre)* vous ne vous laissez pas démoraliser par les soucis de la vie quotidienne.

Raconter: *(des faits)* vous savez prendre des décisions importantes lorsque cela s'avère nécessaire;

(des malheurs) vos problèmes d'argent vous angoissent;
(des fables) vous savez vous montrer diplomate;
(des rêves) inactivité, vide spirituel.

Radeau: *(être sur un –)* trouvaille sensationnelle.

Radio: *(écouter la –)* indolence, solitude, tristesse.

Radis: arrivée d'une mauvaise nouvelle.

Raffiné: *(être –)* vous aspirez à la réussite sociale.

Rafraîchir (se): pause de travail agréable; voyage ou vacances.

Rage: *(éprouver de la –)* soumission dans la vie réelle.

Raifort: *(racines de –)* graves conflits familiaux.

Railleries: *(susciter des –)* on ne comprend pas votre originalité.

Rails: *(voir des –)* votre vie est réglée comme du papier à musique.

Raisin: *(blanc)* une femme bienveillante vous aidera à vous lancer dans les affaires;
(noir) vous recevrez le soutien d'une femme désirant rester dans l'ombre;
(vert) malveillance, calomnies.

Raisonnement: *(faire un –)* vous savez réagir vite et bien en cas d'imprévu.

Raisons: *(défendre ses –)* mauvaise foi, hypocrisie.

Rajeunir: *(un chapeau)* idées fécondes, créativité;
(une robe) situation financière stable;
(soi-même) mauvais présage pour les personnes âgées, positif pour les autres.

Ralentir: *(la course)* vous serez battu dans un conflit.

Râler: souvenir angoissant d'une personne défunte.

Ramasser: *(un objet)* vous retrouverez un objet ou un bien que vous aviez perdu il y a très longtemps;

(des fleurs) amours éphémères, tromperies;
(des coquillages) vous ne voyez pas le temps passer;
(des cailloux) vous avez besoin de stabilité et de sécurité;
(des fruits) méfiez-vous des personnes trop gentilles.

Ramer: excellente situation sur le plan sentimental;
(en faisant du surplace) vos efforts seront inutiles ou presque.

Ramoneur: *(voir un –)* chance, bonnes affaires.

Ramper: *(par terre)* vous parviendrez à vos fins en accomplissant des actions perfides et malhonnêtes.

Rance: *(aliment)* régression sociale, déconsidération.

Rançon: *(payer une –)* vous serez dominé par une personne malveillante.

Rancune: *(avoir de la – contre quelqu'un)* vous n'arrivez pas à oublier les vexations subies.

Rang: *(être de haut –)* convoitise, bavardages médisants, malveillance d'autrui.

Ranger: *(du linge)* tout va pour le mieux.

Râpe: des commérages risquent de vous nuire.

Rapidité: vivacité d'esprit, intelligence, créativité.

Rapiécer: *(des vêtements)* vous êtes ingénieux et créatif.

Rapports: *(lire des –)* votre appréhension est justifiée;
(avoir des – charnels) (avec une personne riche) chance, succès;
(avec une personne pauvre) souffrances, inquiétudes.

Raquettes: *(de tennis)* vous devez vous comporter de façon astucieuse et diplomate si vous voulez faire des conquêtes.

Raréfaction: *(de l'air)* maladie imminente.

Rareté: *(découvrir une –)* pureté d'esprit, enthousiasme.

Raser (se): *(la tête)* bon présage pour les acteurs et les prêtres; pour les autres; grave maladie dont vous guérirez; pour une femme: vous n'avez pas de succès auprès des hommes;

(la barbe) bonheur, absence de soucis, aisance matérielle;

(les jambes) perte de prestige, dépression.

Raseur: *(tomber sur un –)* une personne se plaindra à vous et vous demandera des conseils.

Rasoir: *(tenir un – en main)* agressivité congénitale, peur de la mort.

Rassasier (se): vous aspirez à vous enrichir.

Rassembler: *(du linge)* maladie guérie;

(de l'argent) vous jouirez d'un soutien sur lequel vous ne comptiez pas;

(des objets) vous aimeriez partir en voyage.

Rassurer: *(quelqu'un)* vous voulez être rassuré.

Ratatiner (se): présage de maladie mortelle.

Rate: plaisirs charnels, amusements.

Râteau: il symbolise une épouse travailleuse; pour une femme: vous devriez vous accorder quelques jours de repos.

Ratifier: *(un traité)* vous vous sentez important.

Raviolis: *(manger des –)* mensonges que vous ignorez.

Rayon: *(de soleil)* un brillant avenir vous attend;

(d'une bibliothèque) vous êtes loyal et généreux.

Rebelle: *(être un –)* vous en avez assez de vos soucis.

Rebondissement: *(d'une balle)* votre partenaire amoureux vous donne du fil à retordre.

Rebord: *(de fenêtre)* vous ne vous sentez pas assez aimé.

Receleur: *(être un –)* vous vous trahirez bêtement;

llez chez un –) aventure amoureuse compliquée en rspective.

Réception: *(participer à une –)* l'un de vos amis aura de graves ennuis;
(organiser une –) symbole de votre comportement vis-à-vis d'autrui; vous vous sentez isolé, même dans la foule.

Réchauffer (se): perte d'énergie, asthénie.

Rechercher: *(quelque chose)* vous aboutirez à une solution inattendue.

Récif: sachez ménager les personnes haut placées.

Récipient: *(voir un –)* vous êtes ouvert aux idées modernes.

Réciter: *(des poésies)* vous respectez les règles;
(des prières) vous êtes fataliste et pessimiste;
(une pièce de théâtre) vous avez un grand sens de la diplomatie.

Réclamer: vous supportez tout en silence.

Recommandations: *(faire des – à quelqu'un)* vous fuyez les responsabilités.

Recommencer: *(quelque chose)* vous redoutez l'avenir.

Récompense: *(obtenir une –)* vous n'avez pas eu beaucoup de satisfactions dans la vie.

Récompenser: vous êtes une personne attachante et appréciée.

Réconcilier (se): *(avec ses parents)* après une période de vaches maigres, votre situation financière va se redresser;
(avec ses enfants) vous devez régler plusieurs questions à la fois;
(avec son mari) tout va marcher comme sur des roulettes;
(avec sa femme) grande vitalité, très bonne santé;
(avec ses ennemis) on complote dans votre dos.

Reconnaissance: *(éprouver de la –)* vous manquez d'ambition.

Reconquérir: *(une personne)* vous tomberez dans un piège que vous tendront des "collègues" de travail.

Reconstruire: *(sa maison)* vous allez vous remettre d'une dépression nerveuse.

Recopier: vous regrettez votre comportement passé.

Récriminer: vous voulez écraser vos rivaux.

Recteur: *(être)* vous réussirez dans un métier intellectuel.

Reculer: vous êtes trop entreprenant dans la réalité; *(devant le danger)* vous avez peur de l'avenir.

Récupérer: *(quelque chose)* période mouvementée.

Rédaction: *(être dans une salle de –)* vous avez très peu de contacts sociaux dans votre travail.

Rédemption: *(des péchés)* sécurité, orgueil, supériorité.

Redoubler: *(une classe)* vos efforts seront couronnés de succès.

Redresser: *(quelque chose)* ne soyez pas si conformiste.

Réfectoire: *(être dans un –)* vous aimeriez avoir une vie plus réglée.

Réfléchir: instincts refoulés; manque d'élan sentimental.

Reflet: *(voir son – dans l'eau)* mort d'un parent très proche.

Refuge: *(être dans un –)* vous protégerez votre vie privée avec acharnement.

Refuser: *(quelque chose)* vous êtes conscient de l'importance de l'argent.

Régie: *(se trouver dans une cabine de –)* grande imagination.

Régiment: *(de cavalerie)* vous vous sentez impuissant.

Registre: *(consulter un –)* vous ne parvenez pas à résoudre une énigme.

Règlement: *(transgresser le –)* période de calme, vie banale.

Régler: *(un compte)* vous vous sentez coupable vis-à-vis de vos parents.

Regrets: *(éprouver des –)* relations familiales difficiles.

Regrouper: *(des personnes)* vous ne savez pas agir seul.

Réhabiter: *(un lieu de son enfance)* besoin de loisirs.

Reine: *(voir une –)* vous allez avoir la possibilité de faire des affaires intéressantes.

Reins: *(en bonne santé)* bonne entente entre frères et sœurs;
(malades) dispute entre conjoints.

Réjouir (se): bon présage, chance inespéréee.

Relève: *(prendre la –)* patientez, rien n'est encore joué.

Relier: *(des livres)* vous aimeriez accroître vos connaissances.

Religieuse: *(être une –)* misère, bas niveau de vie;
(voir une –) vous n'aurez plus autant de succès.

Religieux: *(être –)* vous respectez vos parents.

Relique: *(garder une –)* un secret vous pèse sur la conscience.

Relire: *(un livre, une lettre)* vous voudriez pouvoir revivre votre passé.

Remarier (se): pour un homme: possibilité de faire des voyages; pour une femme mariée: séparation ou veuvage; pour une veuve: amélioration de la situation, mariage d'une fille.

Remède: *(trouver un –)* habileté, goût du travail bien fait.

Remerciement: vous souffrez d'un complexe d'infériorité.

Remettre: *(quelque chose en place)* manie de persécution.

Remonter: *(sa montre)* changement de ville, sécurité de l'emploi.

Remplir: *(un récipient)* vous êtes plein de ressources.

Remue-ménage: vous ne voulez pas avoir d'ennuis.

Renard: symbole d'une femme qui complote dans le dos d'autrui.

Rencontrer: *(une vague connaissance)* adulation, hypocrisie;
(des amis) solidarité, avenir serein;
(des inconnus) vous n'êtes pas préparé à vos devoirs;
(sa femme) affaires en bonne voie;
(son mari) craintes, suspicions;
(son amant [e]) vous avez une vie facile;
(ses ennemis) vous allez devoir lutter pour conserver votre place.

Rendez-vous: *(amoureux)* vous devriez surveiller votre compagnon;
(d'affaires) vous désirez avoir une vie plus mouvementée.

Rendre: *(un objet)* vous êtes trop dépendant de vos parents.

Rênes: *(tenir les –)* pour une femme: un homme est à vos pieds; pour un homme: méfiez-vous de vos rivaux.

Renier: *(ses enfants)* vous n'assumez pas vos responsabilités;
(son amant [e]) vous n'osez pas rompre une relation.

Renoncer: *(à quelque chose)* vous avez peur de modifier vos habitudes, tout en le souhaitant ardemment.

Renouveler (se): vous êtes dans une impasse.

Rentrer: *(chez soi)* vous avez constaté que vous ne pourrez compter que sur vous-même.

Réparer: *(quelque chose)* vous dépensez plus que vous ne gagnez.

Repas: *(chez soi)* vous avez des économies;
(au restaurant) votre vie privée est complètement déréglée.

Repeindre: *(sa maison)* besoin de changer de vie.

Repentir (se): vous admettrez que vous avez eu tort.

Repentir: *(exiger le – de quelqu'un)* arrogance, mépris, prétention.

Répéter: *(une phrase)* vous voulez être pris au sérieux et être estimé pour vos qualités.

Répétition: *(théâtrale)* préparez bien votre rencontre.

Répondre: *(à une question)* vous mentez facilement.

Reposer (se): vous allez être au chômage pendant quelque temps.

Repoussant: *(voir quelqu'un de –)* tristesse, craintes.

Repousser: *(une décision)* vous êtes incapable de mettre vos projets en œuvre.

Reprendre (se): vous connaîtrez à nouveau la joie de vivre;
(– une entreprise) renouvellement, regain de vitalité.

Représailles: *(user de –)* vous avez la conscience tranquille.

Représentation: *(théâtrale)* votre sens de l'humour vous ouvrira de nombreuses portes.

Représenter: *(quelqu'un)* vous n'avez pas la possibilité d'exprimer vos opinions et vous en souffrez.

Réprimander: *(quelqu'un)* faiblesse de caractère.

Repriser: vous êtes de nature pragmatique.

Reproche: *(recevoir un –)* un événement vous attristera.

Reprocher: bonté feinte.

Réprouver: *(quelque chose)* vous êtes têtu et persévérant.

Reptiles: maladies ou malveillance de personnes hypocrites.

Répudié: *(être –)* souffrance de l'âme.

Répugnance: *(éprouver de la –)* vous n'avez pas la conscience tranquille.

Répugnant: *(être –)* vous subirez la déconsidération de votre entourage et votre carrière sera entravée.

Requin: méfiez-vous des pièges hostiles qui vous sont tendus.

Réserve: *(visiter une –)* vous ne savez pas quelle direction choisir dans votre travail.

Réservoir: *(d'eau)* vos biens immobiliers vous rapportent peu.

Résine: *(de pin)* un fait désagréable se produira prochainement.

Résister: soyez courageux et vous résoudrez tous vos problèmes.

Résolu: *(être –)* vos objectifs ne sont pas clairs.

Résoudre: *(un problème)* rapidité d'esprit, indépendance.

Respect: *(avoir du – pour quelqu'un)* les autres ont toujours fait ce que vous avez souhaité.

Respecter: *(ses amis)* vous ne transgressez jamais la loi.

Resplendissant: *(soleil)* aventure amoureuse qui se présente sous de bons auspices.

Ressusciter: vous serez mouillé dans un scandale public.

Restaurer (se –): vous devez éviter d'accepter trop d'obligations professionnelles;
(un objet) vous avez peur du changement.

Rester: vous hésitez à entreprendre de nouvelles choses.

Restituer: *(quelque chose)* vous redoutez les responsabilités.

Résurrection: succès initial; défaite finale.

Rétablir (se): vous gagnerez l'estime de vos supérieurs.

Retard: *(arriver en –)* vous vous sentez coupable.

Retarder: *(un départ)* méfiance, découragement; *(un rendez-vous)* vous voulez une preuve d'amour.

Retoucher: manie de la perfection.

Retrancher (se): *(sur une colline)* diplomatie, bon sens.

Rétribuer: *(quelqu'un)* vous devriez faire des concessions à votre partenaire.

Retrouver: *(quelque chose)* rencontre inespérée.

Réunion: *(participer à une –)* vous désirez garder l'anonymat; *(sortir d'une –)* vous êtes las de mener une vie trop réglée et souhaitez rompre avec les habitudes.

Réunir: *(des gens)* vous menez une vie modeste et solitaire.

Réveiller (se): nombreuses occupations, surmenage; *(du pied gauche)* nouveau travail en perspective.

Révéler: *(des secrets)* vous voulez vaincre un adversaire par la ruse.

Revenir: changement de résidence.

Rêver: loisirs, inactivité, imagination débordante.

Revêtir: *(un habit)* vos mérites seront reconnus; *(un habit à l'envers)* dérision, moquerie, chômage.

Revoir: *(des événements passés)* vous n'arrivez pas à dominer vos émotions.

Révolter (se): *(contre ses parents)* vous ne savez pas saisir votre chance.

Révolution: *(voir une –)* vous ne voulez pas vous battre pour atteindre vos objectifs.

Rhapsodie: *(entendre une –)* vous avez un objectif très précis.

Rhinocéros: *(qui charge)* grave maladie, mort; *(voir un –)* vous vous trouverez dans une situation ambiguë.

Riche: *(être –)* pour un pauvre: augmentation des ressources; pour un riche: on convoitera vos biens.

Ridé: *(être –)* votre portefeuille se vide à vue d'œil; n'ayez pas peur d'affronter la réalité avec lucidité.

Rideau: *(levé)* vos souhaits seront exaucés;
(baissé) déception.

Rigole: *(d'eau)* empêchement de dernière minute.

Rincer: *(quelque chose)* vous êtes trop attaché aux traditions.

Rire: mondanités, tristesse dissimulée.

Risque: *(courir un –)* grande vitalité, volonté d'affronter les obstacles coûte que coûte.

Rite: *(assister à un –)* vous voulez faire un voyage que vous n'avez pas les moyens de vous offrir pour le moment.

Rivage: *(atteindre le –)* vos affaires se présentent très bien.

Rival: *(en amour)* désaccord avec vos frères.

Rivière: *(voir une –)* vous resterez en dehors d'un problème;
(traverser une – à la nage) vous sortirez victorieux d'un conflit;
(se trouver dans une –) difficultés de tous types.

Rixe: *(participer à une –)* vous endurez trop d'humiliations dans votre milieu professionnel.

Riz: abondance, bonheur durable, événements positifs.

Rizière: *(être dans une –)* projets créatifs, idées fécondes.

Robe: *(luxueuse)* embrouilles et embêtements liés à une situation privilégiée;
(déchirée) déshonneur et misère.

Robuste: *(être –)* fortune, héritage important.

Rocher: *(monter sur un –)* vous allez traverser une période difficile;

(voir un –) une menace pèse sur vous.

Roi: *(être –)* éloignement de vos parents, désapprobation de vos amis;
(voir un –) vos adversaires sont puissants, mais vous n'avez rien à craindre; pour un infirme: menace de mort; pour un pauvre: célébrité qui ne se traduira pas par un enrichissement.

Romarin: événement heureux de courte durée.

Rompre: *(se – les os)* vous perdrez votre travail à la suite d'une faute professionnelle.

Ronces: période calme, sans rebondissements particuliers.

Ronchonner: haine à l'égard d'une personne malhonnête.

Ronfler: inactivité; aucune proposition de travail ne vous sera faite dans l'immédiat.

Rosée: *(sur des fleurs)* vous déjouerez des pièges subtils.

Roses: vous ne tomberez pas dans les embuscades que l'on vous tend et mènerez à bien tout ce que vous entreprendrez.

Rosser: vos efforts ne vont pas dans le bon sens.

Rossignol: *(qui chante)* vous êtes sous le charme d'un intellectuel.

Roter: comportement culotté et égoïste.

Rôtir: succès et prestige assurés;
(de la viande) plus personne ne vous fait peur.

Roue: *(de fortune)* ne laissez pas passer votre chance;
(d'automobile) vous essayez de changer de vie.

Rouge: *(couleur)* exubérance sexuelle, équilibre retrouvé.

Rouge à lèvres: *(se mettre du –)* vous n'êtes pas sincère.

Rouge-gorge: il symbolise une femme bavarde et sympathique.

Rougets: *(manger des –)* fièvre, inflammation.

Rouleau: *(de papier)* harmonie apparente, mélancolie.

Rouler: *(un tonneau)* votre victoire vous coûtera très cher.

Route: *(large)* vous réussirez tout avec facilité;
(étroite) vous parviendrez à vos fins grâce à vos efforts;
(en côte) vous aurez du mal à obtenir ce que vous voulez;
(en pente) une affaire bien partie se terminera mal;
(dormir sur la –) chômage, pensées noires.

Royaume: *(posséder un –)* disputes familiales.

Ruban: besoin de repos.

Rubis: *(recevoir un –)* vous ne partagez pas l'amour passionné de celui qui vous fait ce cadeau.

Ruche: *(d'abeilles)* les commérages à votre sujet ont cessé.

Rue: *(large)* bon présage; vos initiatives seront accueillies avec enthousiasme;
(étroite) vous avez eu raison de vous montrer patient;
(en côte) difficultés en perspective;
(en pente) peines de cœur, souffrances physiques.

Ruelle: *(sans issue)* vous devez trouver une solution rapidement.

Rugissement: *(de lion)* préparez-vous à affronter un rival prêt à tout pour vous nuire et vous ruiner.

Ruines: *(voir des –)* vos rêves de jeunesse ne se réaliseront pas.

Ruisseau: légère prise de bec entre membres de la famille.

S

Sable: incident, dégâts matériels.

Sablier: patience, résignation.

Sabots: niveau de vie modeste, existence monotone.

Sabre: *(porter un –)* anicroches entre conjoints.

Sac: *(à dos)* rivalités en amour;
(vide) période négative sur le plan sentimental;
(de couchage) pour un homme: vous avez une amante sensuelle; pour une femme: vous êtes éprise d'un homme plus jeune que vous;
(à main) vous traversez des hauts et des bas.

Sachet: vous avez pris un engagement et devrez vous y tenir.

Sacoche: *(porter une –)* vous devrez tirer au clair une affaire embrouillée.

Sacrement: *(recevoir un –)* les responsabilités que l'on vous a confiées vous inquiètent.

Sacrifice: *(assister à un –)* entreprise menée à bien.

Sacrifier: vous obtiendrez des avantages non négligeables.

Sacrilège: *(accomplir un –)* vos accès de colère vous nuiront.

Sacristie: *(se trouver dans une –)* vos collègues de travail étouffent votre esprit d'initiative.

Safran: oubli, souvenirs confus.

Saigner: *(du nez)* montrez-vous astucieux et vous vaincrez votre adversaire;

(quelqu'un) vous savez extorquer de l'argent à autrui.

Saint: *(voir la reproduction d'un –)* résolution d'un problème.

Saison: *(travailler hors –)* vos affaires stagnent;
(porter des vêtements adaptés à la –) bonne santé; prospérité.

Salaire: *(toucher son –)* vous devez modérer vos dépenses.

Salamandre: *(voir une –)* vous ne vous rendez pas facilement.

Saler: *(des aliments)* vous êtes en pleine forme.

Saleté: *(voir de la –)* bavardages indiscrets et malveillants.

Salir: *(soi-même)* prudence et égoïsme;
(ses chaussures) vous voulez votre indépendance;
(ses bas) action maladroite.

Salive: *(perdre sa –)* disfonction des reins.

Salle: *(se trouver dans une – de danse)* vous souhaiteriez vous divertir plutôt que de remplir vos obligations.

Salon: *(se trouver dans un –)* ennui, égarement spirituel.

Saluer: vous entendrez des discours flatteurs et agréables.

Sang: *(cracher du –)* rentrées d'argent en perspective;
(voir couler du –) on découvrira vos supercheries;
(boire du –) cruauté, force physique.

Sanglier: vous allez devoir affronter un adversaire puissant et dénué de scrupules.

Sangsues: *(sur le corps)* appauvrissement progressif.

Saphir: pensées agréables.

Sarcophage: *(être dans un –)* vous vous remettrez d'une dépression nerveuse.

Sardine: contrariétés professionnelles, manque d'argent.

Sarment: *(de vigne)* vous allez connaître la prospérité.

Sarrau: *(d'ouvrier)* votre incertitude vous nuira.

Satellite: *(voir un –)* éclaircissement d'une situation embrouillée.

Satisfaire: *(ses désirs)* vous savez vivre avec spontanéité.

Satyre: *(voir un –)* vous êtes du côté des gagnants.

Saucisse: *(de porc)* allégresse, bien-être.

Sauge: vos peines de cœur vont s'apaiser.

Saule: *(pleureur)* rien de positif en perspective.

Saumure: réflexion, report d'une discussion.

Saut: *(faire un –)* début d'une carrière prometteuse; *(périlleux)* danger gravissime.

Sauter: vous sortirez indemne d'un affrontement.

Sauvages: *(échapper à des –)* vous craignez quelqu'un; *(se trouver parmi les –)* vous allez faire une fausse manœuvre dans votre travail.

Sauver: *(quelqu'un)* on vous empruntera de l'argent.

Savarin: *(faire un –)* vous vous rendrez malheureux.

Saveur: *(d'un aliment) (bonne)* aventure amoureuse qui commence bien;
(mauvaise) déception profonde et inattendue.

Savon: piège tendu avec habileté.

Scalper: *(quelqu'un)* vous vous entendez mal avec votre mère.

Scandale: *(public)* gloire, succès, ascension sociale.

Scarabée: symbole positif pour ceux qui font un travail modeste; pour les autres: complications imprévues.

Sceau: il symbolise une femme maternelle.

Scène: *(être sur –)* vous n'êtes pas convaincu de vos idées.

Sceptre: *(avoir un –)* rupture avec vos parents; pour un malade: mort.

Scier: *(du bois)* vos programmes sont envisageables.

Scorpion: il symbolise une personne aimable en apparence, mais profondément malveillante en réalité.

Sculpter: bon présage pour ceux qui vivent une relation illégitime; pour les autres: réputation souillée par un scandale.

Secourir: *(quelqu'un)* générosité, ouverture d'esprit.

Secousse: *(sismique)* présage funeste.

Secret: *(connaître un –)* fardeau spirituel; *(dévoiler un –)* vous vous libérerez d'une lourde charge.

Secrétaire: *(être –)* vous travaillerez pour les autres sans être bien payé.

Secte: *(religieuse)* on vous tiendra à l'écart d'une machination.

Séduisant: *(être –)* chance, gains, avantages obtenus sans efforts.

Séduit (e): *(être –)* vous devrez assumer une tâche difficile.

Seiche: bon présage pour ceux qui veulent éviter un scandale.

Seins: *(épanouis)* pour une vieille dame: richesse; pour une jeune fille: mariage; pour un homme: vous allez accroître vos revenus dans de brefs délais.

Sel: *(en grande quantité)* vous serez étouffé par vos supérieurs.

Selle: *(monter en –)* vous dominerez bien la situation.

Seller: *(des chevaux)* vous vous préparez à mettre en œuvre des changements considérables.

Semaine: *(une)* elle équivaut à une très longue période.

Semelles: *(percées)* baisse de prestige, maladie.

Semer: unions amoureuses ou mariages réussis.

Sénateur: *(être –)* vos ambitions ne se réaliseront pas.

Sensualité: *(assouvie)* frustrations sexuelles.

Sentence: *(judiciaire)* vous redoutez d'être condamné en justice.

Sentier: *(voir un – de campagne)* période difficile; *(parcourir un –)* vous avez encore un peu d'espoir.

Sentinelles: *(voir des –)* admiration pour les gens puissants.

Sentir: *(des fleurs)* vous échapperez à un grave danger.

Sérénade: *(chanter une –)* affinités intellectuelles et spirituelles avec la personne aimée.

Seringue: on refusera de vous aider dans vos recherches.

Sermon: *(entendre un –)* hésitation, manque de courage.

Serpent: vous aurez probablement un accident sans gravité.

Serre: vous remédierez à tous vos problèmes matériels.

Serrer: *(les dents)* apprenez à vous maîtriser.

Serrure: *(forcer une –)* obstination, entêtement.

Serveur: *(voir un –)* vous désirez avoir moins de responsabilités.

Serviette: *(de toilette)* vous allez perdre une personne à laquelle vous étiez attaché;
(de table) vous ferez preuve de diplomatie au moment voulu;
(en papier) vous serez consolé de votre chagrin.

Servir: *(le dîner)* vous saurez vous comporter avec tact.

Sésame: votre secret sera révélé à tout le monde.

Seuil: *(franchir le –)* esprit d'initiative, ressources morales.

Sévère: *(se montrer –)* mollesse, manque d'autorité.

Short: vous allez traverser une période de déprime.

Siège: *(être assis sur un –)* infirmité des jambes.

Siffler: vous allez retrouver votre liberté.

Signal: *(lancer un –)* bonne entente entre amis.

Signer: héritage ou rentrée d'argent.

Signes: *(divins)* faits extraordinaires et troublants.

Signification: *(comprendre la –)* perspicacité professionnelle.

Silence: *(rester en –)* vous avez peur de ne plus avoir une vie passionnante.

Silhouette: *(voir une –)* vous ne savez pas évaluer vos besoins.

Simuler: *(quelque chose)* vous vous sentez inférieur aux autres.

Singe: *(voir un –)* un scélérat veut vous escroquer.

Situation: *(se trouver dans une –) (bonne)* solution positive;
(mauvaise) prévisions pessimistes.

Slip: *(retirer son –)* grande confiance en soi;
(être sans –) manie de la persécution.

Sœur: elle symbolise votre âme;
(qui parle) on étouffe vos aspirations;
(qui meurt) crise spirituelle, troubles psychiques;
(avec des enfants) peines de cœurs intériorisées.

Soie: vous êtes trop dépensier, surveillez-vous.

Soif: *(avoir –)* futur incertain, troubles psychologiques.

Soigner: *(quelqu'un)* vous êtes triste parce que personne ne s'intéresse à vous.

Soir: *(être le –)* des supercheries vous ont été cachées.

Soldat: *(voir un –)* chance, gain d'argent inespéré.

Sole: elle symbolise une personne hypocrite et malveillante.

Soleil: *(resplendissant)* triomphe en affaires; bonne santé; vos enfants vous donnent toute satisfaction.

Solfier: vous préparez un plan stratégique.

Soliloque: vous couvez une vengeance qui n'aboutira pas.

Solitude: *(souffrir de –)* défaites subies, manque de soutien.

Solliciter: *(quelque chose)* appréhension, craintes injustifiées.

Solution: *(trouver la –)* courage, audace et initiative.

Sommeil: *(avoir –)* inactivité forcée, découragement.

Sommet: *(d'une montagne) (arriver au –)* vous saurez affronter des événements désagréables avec intelligence.

Somnambule: *(être –)* vous vivez dans un monde imaginaire.

Son: *(agréable)* arrivée d'une personne que vous désirez physiquement;
(céréales) action ne menant à rien.

Sonnette: *(d'une porte)* vous recevrez un petit cadeau.

Sorcier: ne faites de confidences à personne.

Sorcière: vous devez faire un choix décisif.

Sortie: *(de secours)* vous trouverez un remède au dernier moment.

Sortilège: *(être victime d'un –)* vous ne parvenez pas à démêler les fils d'une affaire particulièrement complexe.

Sortir: *(de chez soi, le matin)* bon présage, possibilités à exploiter;
(d'une ville) rencontres publiques, prison;
(d'une fête) équilibre, ordre, sagesse.

Souffle: *(manque de –)* risque de dépression nerveuse;
(coupé) vous croyez que le sort s'acharne contre vous.

Souffler: *(sur le feu)* ne racontez pas de ragots;
(sur une fleur) méfiez-vous d'une femme qui essaiera de vous tromper.

Souffrance: *(éprouver de la –)* vous êtes hanté par les remords.

Souffre-douleur: *(être un –)* vous souffrez d'un complexe d'infériorité.

Souffrir: *(physiquement)* peines de cœur, chagrin profond;
(du froid) vous manquez d'affection;
(de la chaleur) vous vous sentez incompris;
(du même mal qu'une autre personne) vous commettrez les mêmes erreurs que la personne en question.

Soufre: *(bâtonnets de –)* un supérieur vous étouffe;
(manger du –) vos espoirs sont inutiles.

Souiller (se): *(de sang)* vous vous détruirez avec vos propres mains;
(de boue) en ce moment, vous travaillez au ralenti.

Soulagement: *(éprouver du –)* vous échapperez à un danger.

Soulager: *(quelqu'un d'une douleur)* vous surmonterez un obstacle financier.

Soûler (se): vous ne mènerez pas vos projets à terme; vous êtes trop sûr de vous.

Soulever (se): *(du sol)* initiatives heureuses, période propice.

Soupçons: *(avoir des –)* instinct de conservation développé.

Soupe populaire: *(manger à la –)* vous allez perdre vos biens.

Soupente: *(être dans une –)* besoin de protection et de securité.

Soupirant: *(être un –)* vos aspirations auront du mal à se réaliser;
(avoir un –) vous enviez l'une de vos amies.

Soupirer: votre attente sera déçue.

Soupirs: *(d'eau limpide)* soyez plus persévérant.

Source: *(d'eau limpide)* bonne santé, gains inattendus; *(tarie)* vous faites des dépenses excessives; *(se baigner dans une –)* présage favorable, signe de fortune.

Sourcils: *(touffus et bien dessinés)* vous avez du charme; *(rasés)* contrariétés, insuccès.

Sourd-muet: *(être –)* vous aimez rester en dehors des conflits et des compétitions.

Souris: *(vivante)* vous avez une femme dévouée ou un domestique de confiance; *(morte)* mort d'un parent qui vivait isolé; *(prise au piège)* vous ne savez pas échapper à vos obligations professionnelles; pour une femme au foyer: humiliations.

Soutane: *(porter une –)* fatalisme.

Souteneur: vous remporterez des gains de façon malhonnête.

Souvenir (se): *(de faits passés)* vous avez eu une jeunesse malheureuse.

Souverain: *(qui parle)* prédiction qui se réalisera; *(haïr un –)* mauvais rapports avec un supérieur.

Spectacle: *(participer à un –)* vous êtes bien inséré dans la société; *(assister à un spectacle)* vous manquez d'esprit d'initiative.

Sperme: *(d'un homme important)* solutions astucieuses, argent, créativité; *(d'un homme pauvre)* votre travail ne vous passionne pas.

Sphère: *(voir une –)* harmonie spirituelle.

Sphinx: maladie difficile à diagnostiquer.

Squelette: *(voir un –)* vie longue et heureuse.

Statue: *(en marbre)* bien-être, gains importants;
(en argile) destin incertain;
(qui bouge) peur, troubles psychiques;
(devenir une –) mort prochaine.

Stature: *(homme de grande –)* soyez patient et réfléchissez bien avant d'agir.

Stimulations: *(sexuelles)* continence forcée.

Stratagème: *(mettre au point un –)* votre astuce habituelle vous tirera d'ennuis.

Stratégie: *(de quelqu'un)* l'autorité paternelle va se faire sentir.

Submergé: *(être – d'eau)* dépression neuveuse causée par de graves problèmes financiers.

Subterfuge: *(recourir à un –)* vous aimeriez vivre une aventure amoureuse clandestine.

Succès: *(connaître le –)* pour un pauvre: amélioration à venir; pour un riche: votre ambition vous conduira à la faillite.

Succomber: *(à ses ennemis)* vous allez subir une défaite grave.

Sucre: tristesse, désaccords avec la personne aimée.

Suffire: vous avez besoin d'aide.

Suffoquer: problèmes digestifs.

Suicider (se): vous traverserez une période de désespoir, mais vous vous reprendrez.

Suivre: *(quelqu'un)* vous vous sentez complètement perdu.

Sultan: *(être un –)* aisance obtenue sans efforts particuliers;
(voir un –) vous voulez demander le soutien d'une personne éminente.

Supplice: *(subir un –)* méfiez-vous, on essaiera peut-être de vous tromper.

Supplier: ne comptez pas sur votre famille pour vous aider.

Supporter: *(des choses désagréables)* vous vous laissez décourager par des pécadilles.

Sureau: vous allez sans doute tomber malade.

Surhumain: *(phénomène –)* un événement va peut-être changer le cours de votre vie.

Surintendant: *(être un –)* soucis, peur de l'avenir.

Surprendre: *(son mari avec une autre)* baisse du niveau de vie;
(sa femme avec un autre) période de conflits spirituels;
(des voleurs) vous infligerez une sévère défaite à vos adversaires.

Surpris: *(être –)* vos fautes vous donnent des remords.

Sursauter: le futur vous angoisse.

Survivre: *(à un accident)* vous avez des ressources morales.

Suspendre: *(des objets)* vous résoudrez un problème de travail;
(des tableaux) vous vous tenez à l'écart du monde artistique;
(des vêtements) vous voudriez être plus simple.

Symptômes: *(d'une maladie)* pressentiment de la maladie d'un parent ou d'un enfant.

Synagogue: *(être dans une –)* troubles spirituels, espoirs.

T

Tabac: vos souhaits les plus chers ne se réaliseront pas.

Tabatière: *(posséder une –)* (ancienne) vous regrettez un amour de jeunesse.

Tabernacle: *(dans une église)* vous avez l'esprit religieux, mais vous ne le montrez pas.

Table: *(couverte d'objets)* vous allez vivre des jours heureux;
(vide) tristesse, peines de cœur, solitude.

Tableau: *(de chiffres)* vous aimeriez avoir une vie plus réglée;
(de peintre) amour des beaux objets.

Tablée: *(de personnes)* vous vivez de façon trop isolée, vous ne rencontrez des gens qu'à l'occasion de cérémonies.

Tablier: *(porter un –)* vous craignez de vous compromettre.

Tabouret: *(être assis sur un –)* vous menez une vie simple.

Taches: *(sur son visage)* elles symbolisent un enfant ayant des défauts physiques ou un caractère difficile;
(d'huile) danger imminent;
(d'encre) période sombre sur le plan sentimental;
(de fruit) plaisanteries entre amis.

Tactique: *(recourir à une –)* vos ennuis vont bientôt prendre fin et vous connaîtrez à nouveau le bonheur.

Tailler: *(des arbres)* renouvellement spirituel, vitalité; *(de la vigne)* vous perdrez une excellente occasion; *(des haies)* voyages secrets agréables.

Talent: vos ambitions ne se concrétisent pas.

Talisman: *(posséder un –)* vous avez un caractère optimiste et plein de ressources.

Talon: *(avoir mal au –)* une personne complote dans votre dos;
(de chaussures) malaises et disputes en famille;
(casser un –) remettez vos projets à plus tard.

Tambour: *(jouer du –)* aventure amoureuse éphémère; *(entendre un –)* des amis disent du mal de vous dans votre dos.

Tamis: fausses nouvelles auxquelles il ne faut pas croire.

Tanche: *(poisson)* symbole d'une personne fuyante et hypocrite.

Tanière: *(d'un animal)* un rival se comporte avec astuce; *(être dans une –)* lâcheté chronique.

Tante: symbole d'une sœur un peu grincheuse.

Taon: un homme perfide vous calomniera et vous nuira.

Tapi: *(rester –)* projets astucieux, stratégie programmée.

Tapis: *(être sur un –)* vos initiatives seront encouragées; *(volant)* vous obtiendrez un avantage avec facilité.

Tapisser: *(une pièce)* vous avez amélioré votre culture.

Tapisserie: vous vivez au-dessus de vos moyens.

Tapissier: *(parler à un –)* vous fréquenterez un intellectuel.

Tarentule: *(araignée)* une personne méprisable réussira à vous faire souffrir et à vous procurer des déceptions.

Tarif: le devoir vous appelle.

Tarte: *(manger une part de –)* vos problèmes d'argent vous rendent désagréable.

Tasse: grande sécurité, sérénité

Tâter (se): *(les membres)* attendez-vous à avoir quelques problèmes financiers et à devoir résoudre des conflits.

Taudis: *(habiter dans un –)* vous allez perdre la santé.

Taupe: symbole d'un homme obtus qui fait des efforts sans obtenir le moindre résultat.

Taureau: *(dans un pré)* menaces d'un supérieur hiérarchique;
(dans une arène) vous recevrez l'appui d'un homme puissant.

Taverne: *(être dans une –)* vous allez avoir une vie très agitée.

Teigne: *(avoir la –)* vos douleurs vont s'intensifier.

Teinturier: *(allez chez le –)* vous voulez charmer les gens par de beaux discours.

Télégramme: *(recevoir un –)* visite d'un parent.

Télégraphier: vous refuserez de donner un conseil par paresse.

Télescope: *(regarder dans un –)* vos espoirs seront vains.

Témoigner: *(en disant la vérité)* vous êtes trop impulsif;
(en mentant) l'un de vos secrets les plus chers sera dévoilé.

Température: *(élevée)* équilibre spirituel;
(basse) vous avez besoin de trouver un partenaire.

Tempête: changement de situation imprévu, inconvénients;
(de neige) perturbations, malheurs en perspective;
(en mer) émotions profondes et sincères.

Temple: *(être dans un –)* victoire judiciaire;
(dormir dans un –) guérison rapide si vous êtes malade; crainte de tomber malade si vous êtes bien portant.

Temps: *(beau)* facilités en affaires, carrière toute tracée;

(mauvais) votre agitation est compréhensible;
(variable) une relation amoureuse vous donne du fil à retordre.

Tenaille: fidélité conjugale.

Tendon: *(coupé)* vous allez devoir renoncer à votre activité habituelle.

Tendresse: *(éprouver de la –)* bon présage, nouveaux amis.

Ténèbres: *(marcher dans les –)* essayez de ne pas penser toujours au futur; bon présage pour les douleurs.

Tenir (se): *(par la main)* travail, soutiens, avantages.

Ténor: *(être un –)* succès et honneurs vous sont dus;
(écouter un –) vous enviez un ami qui a réussi sa carrière.

Tentation: *(éprouver de la –)* vous désirez vivre des aventures érotiques réprouvées par la moralité.

Tentative: *(faire une –) (réussie)* vous tirerez parti d'une situation embrouillée;
(ratée) vous sortirez perdant d'un conflit.

Tente: *(être sous une –)* situation financière précaire.

Tergiverser: vous remettrez sans cesse à plus tard la résolution d'un problème.

Terminer: *(quelque chose)* chômage, repos.

Terne: *(jeu) (gagner au –)* malveillance de vos amis et de certaines connaissances;
(perdre au –) l'amour que vous éprouvez n'est pas partagé.

Terrain: *(en friche)* solitude difficile à supporter, espoirs illusoires.

Terrasse: *(se trouver sur une –)* vie quotidienne bien réglée.

Terre: *(travailler la –)* bon présage pour les futurs époux;

difficultés et souffrances pour ceux qui sont déjà mariés;

(baiser la –) peines de cœur;

(manger de la –) longue maladie dont la guérison est improbable;

(voler au-dessus de la –) déménagement, voyage.

Terre cuite: *(objets en –)* maigres avantages, légères douleurs;

(devenir en –) présage de mort.

Terreur: *(éprouver de la –)* vous savez vous maîtriser dans la vie réelle; appréhensions.

Territoire: *(marcher sur un vaste –)* vous êtes sûr de vous et prêt à réagir au moindre événement.

Testament: *(faire un –)* vous croulez sous les responsabilités.

Testicules: *(volumineux)* pour un homme: idées fécondes, virilité, carrière; pour une femme: *(avoir des –)* lourdes responsabilités; rupture conjugale.

Tétanos: *(avoir le –)* votre situation financière va se dégrader, ce qui vous plongera dans une profonde dépression.

Tête: *(grosse)* vous ferez fortune;

(petite) vexations, humiliations;

(d'animal) vous n'agissez pas correctement;

(chauve) si vous ne faites pas d'efforts, vous ne serez pas récompensé;

(coupée) dépression nerveuse, folie;

(ornée d'une guirlande) les ragots et les bavardages nuiront à votre carrière.

Téter: vous manquez d'affection et avez des soucis pécuniaires.

Têtu: *(être –)* vous aimeriez être estimé par votre entourage.

Thé: *(boire un –)* vous serez de meilleure humeur.

Théâtre: *(être dans un –) (plein)* égarement, peur de ne pas savoir se maîtriser, souffrances spirituelles;
(vide) vous commencez à vous remettre d'un chagrin d'amour.

Théologien: *(qui parle)* ne suivez pas les conseils d'une personne influente.

Thermes: petites convoitises et commérages dans votre milieu professionnel.

Thermomètre: un parent proche surveille vos économies.

Thon: vos projets vont s'envoler en fumée.

Tibia: *(cassé)* interruption momentanée des rentrées d'argent;
(entier) affaires prospères.

Tiédeur: *(du foyer)* frustrations sexuelles.

Tigre: vous allez rencontrer un homme formidable, puissant, riche et indépendant;
(tuer un –) vous perdrez le soutien d'une personne importante en raison de votre légèreté;
(être poursuivi par un –) vous aurez affaire à un adversaire redoutable et habile.

Tilleul: vous aurez de nombreuses occasions de vous mettre en valeur, mais vous ne saurez en tirer parti.

Timbale: *(en argent)* votre conformisme est justifié;
(en or) vous allez vous enrichir.

Timbres: *(coller des –)* désordre, confusion.

Tique: *(avoir un –)* préoccupation, peines de cœur.

Tirelire: vous dépensez sans compter.

Tirer: *(des cheveux)* vous voulez dominer une personne;
(un char) vos efforts sont très mal récompensés.

Tirer: *(sur quelqu'un)* crainte d'une provocation.

Tisane: *(boire une –)* période de détente, de repos.

Tisons: *(rougeoyants)* niveau de vie élevé, existence agréable;
(éteints) changement véritablement inquiétant.

Tisser: *(une toile)* bon présage pour les voyageurs;
(de la laine) petits bonheurs de la vie quotidienne.

Tissu: bonnes affaires en perspective.

Tituber: votre indécision vous jouera des tours.

Toge: *(porter une –)* vous êtes estimé et respecté.

Toile: *(peinture)* vos affaires vont vous rapporter beaucoup d'argent.

Toile d'araignée: vous déjouerez une machination insidieuse.

Toison: *(de brebis) (être couvert d'une –)* maladie pulmonaire.

Toit: *(qui s'écroule)* on va essayer de vous cambrioler.

Tomate: votre vie amoureuse est particulièrement intense.

Tombe: *(se trouver dans une –)* vous allez tomber gravement malade;
(voir une –) une menace plane sur votre existence.

Tomber: insolence d'une personne;
(dans une flaque d'eau) vous devriez moins parler;
(dans la mer) rupture amoureuse définitive;
(dans un feu) changement de travail;
(de cheval) vous ne saurez pas saisir une occasion intéressante.

Tombola: *(jouer à la –)* insouciance, chance.

Ton: *(voix) (élevé)* sentiments hostiles, rancœurs;
(bas) modestie excessive, timidité.

Tondre: *(un mouton)* vous passerez à côté d'une bonne occasion;
(se faire –) vous n'enregistrerez pas les profits escomptés.

Tonne: *(peser une –)* vous avez des ennuis fiscaux.

Tonneau: *(plein)* vos efforts seront récompensés;
(vide) méfiez-vous d'une femme médisante.

Tonnelle: grand bonheur en perspective.

Tonnerre: trahison inattendue.

Tonsure: *(porter la –)* bon signe pour les religieux: pour les autres: vous vous ennuierez mortellement.

Torche: *(tenir une –)* vous avez du mal à prendre une décision.

Torpeur: *(être envahi d'une sensation de –)* vous allez traverser une période d'inactivité.

Torpille: *(poisson)* on vous tend un piège insidieux.

Torrent: résolution rapide d'un problème.

Tort: *(subir un –)* vous manquez d'esprit d'initiative.

Torticolis: *(avoir un –)* surveillez votre vue.

Tortue: vous rencontrerez une personne bien intentionnée, mais difficile à comprendre.

Torturé: *(être –)* danger imminent.

Torturer: *(quelqu'un)* perversion sexuelle réprimée;
(voir quelqu'un se faire –) vous remporterez une victoire en vous comportant avec perfidie.

Toupie: *(voir une –)* ne vous faites pas d'illusions sur le plan sentimental, votre amour n'est pas partagé.

Tour: *(jouer un mauvais –)* vous souhaitez être le meilleur.

Tour: *(voir une –)* vous allez avoir l'occasion de vous élever dans l'échelle sociale;
(être dans une –) vous êtes coincé dans votre rôle.

Tourbillon: *(être pris dans un –)* vous êtes impliqué dans une affaire complexe.

Tourmenté: *(être –)* doutes, hésitations néfastes.

Tourner: *(dans une rue)* empêchement imprévu; *(la tête)* vos désirs se matérialiseront; vous n'avez aucun problème de vue.

Tournesol: symbole d'une personne égoïste.

Tournevis: en ce moment, vous êtes fatigué.

Tournis: *(avoir le –)* hésitations, incertitudes.

Tournoi: *(participer à un –)* vous avez la possibilité de faire une belle carrière.

Tourterelles: *(voir des –)* bavardages féminins néfastes.

Tousser: vous ne savez pas comment combattre votre ennui.

Traces: *(laisser des –)* vous redoutez les conséquences de vos actions.

Traditions: *(respecter les –)* grande capacité d'adaptation.

Traduire: *(une langue étrangère)* éclaircissement d'un malentendu.

Tragédie: *(jouer une – au théâtre)* méfaits, injustices; *(assister à une – théâtrale)* dangers imminents, dégâts sérieux.

Train: *(prendre le –)* vous aimeriez confier certaines de vos responsabilités à des collègues de travail.

Traîner: *(quelque chose)* efforts physiques, épuisement.

Trajet: *(faire un –)* vos affaires sont bien parties.

Tramer: *(un complot)* vous n'arriverez pas à faire carrière; *(un tissu)* perte de prestige.

Tranchant: *(se servir d'un outil –)* vous prenez trop de précautions, ne soyez pas si méfiant.

Tranchée: *(être dans une –)* vous vous préparez à vous défendre avec acharnement.

Trancher: *(la tête de quelqu'un)* vous sortirez victorieux d'un conflit;
(les mains de quelqu'un) vous réduirez un rival à l'impuissance.

Tranquille: *(être –)* période positive.

Transcrire: *(une lettre)* vous vivez au jour le jour.

Transformer (se): *(en mieux)* chance en amour, bonne santé, bonheur;
(en pire) dangers, chagrins d'amour.

Transfusion: *(subir une –)* rentrées d'argent assurées.

Transgresser: *(la loi)* esprit de rébellion réprimé.

Transparent: *(être –)* mauvaise santé, maladie en perspective.

Transpirer: votre moral est au plus bas.

Transplanter: *(des arbres)* voici venu le moment d'appliquer vos excellentes idées.

Transporter: *(des objets, des meubles)* vos souffrances morales vont bientôt s'apaiser;
(se faire –) (par un véhicule) vous avez de l'audace et de l'énergie à revendre.

Transvaser: affaires importantes en cours.

Trappe: vous êtes victime d'une injustice.

Trapu: *(être –)* vous savez affronter vos problèmes de façon énergique et courageuse.

Traquenard: *(tomber dans un –)* votre mode de vie ne vous épanouit pas.

Travailler: besoin de repos, santé fragile.

Traverser: *(la rue)* attendez-vous à un brusque changement;
(une rivière) vous allez traverser une période bénéfique.

Trèfle: *(à quatre feuilles) (trouver un –)* événement heureux.

Tremblement de terre: pressentiment de catastrophes imminentes sur le plan financier et spirituel.

Trembler: vous avez trop de responsabilités.

Tremper: *(des biscuits)* vous allez tomber amoureux; *(du pain)* votre travail vous épanouit.

Trépied: vous vivez heureux.

Trésor: *(trouver un –)* vous aurez des problèmes considérables;
(enterrer un –) ne révélez vos secrets à personne, car on pourrait s'en servir contre vous.

Tressaillir: vous craignez que l'on découvre un méfait que vous avez commis.

Tresser: *(des cheveux)* pour une femme: vous êtes très courtisée; pour un homme: contrariétés professionnelles.

Tresses: *(se faire des –)* pour une femme: nouvelle relation amoureuse; pour un homme: dettes et ennuis judiciaires.

Trêve: *(s'accorder une –)* réflexion, étude d'une stratégie.

Triangle: *(voir un –)* vous voudriez que vos idéaux se concrétisent.

Tribu: *(voir une –)* vos amis ne vous reconnaissent plus.

Tribunal: *(voir un –)* malentendu à éclaircir;
(se trouver au –) scandale, déconsidération.

Tricheur: *(au jeu)* vous voulez jouer un tour à une personne chère.

Trident: vous allez perdre au jeu.

Triompher: *(d'un adversaire)* victoire éphémère.

Tripes: *(manger des –)* égoïsme, superficialité;

(cuisiner des –) pour un pauvre: richesse en perspective; pour un riche: scandale financier.

Tripot: vous ferez la connaissance d'un personnage haut placé.

Trompe: *(d'éléphant) (être saisi par une –)* grave maladie; *(avoir une –)* bonté d'âme, intuition très développée.

Tromper: *(son amant[e])* fidélité forcée;
(son mari) perte d'argent par insouciance;
(sa femme) santé incertaine.

Tromper (se): vous redoutez que l'on vous demande une preuve d'amour.

Trompette: trouble profond, défaite.

Trône: *(être assis sur un –)* responsabilités, médisances, difficultés.

Trophée: *(recevoir un –)* vexations mal digérées.

Troquer: *(des bijoux)* ne jouez pas aux cartes;
(des objets quelconques) votre voyage sera reporté;
(des vêtements) vous êtes de plus en plus irascible.

Trou: vous avez du mal à joindre les deux bouts.

Troubler (se): timidité et malveillance.

Troupeau: *(de bœufs)* soyez patient et persévérant;
(de chevaux) pour un homme: vous avez de nombreux rivaux; pour une femme: tous les hommes sont à vos pieds;
(de moutons) jouez cartes sur table;
(d'animaux sauvages) pour une femme: vous êtes aimée par plusieurs hommes; pour un homme: vos rivaux sont de plus en plus nombreux;
(d'éléphants) relation amoureuse durable et paisible.

Troupes: *(de soldats)* vous craignez que l'on essaie de vous berner.

Trousse: *(pleine)* gardez vos secrets pour vous;
(vide) vos amis en savent trop sur votre compte.

Trucider: *(quelqu'un)* peines de cœur.

Truffe: vous êtes victime d'une escroquerie mise au point avec astuce et diplomatie.

Truie: *(avec ses petits)* richesse méritée, chance durable.

Truite: une négociation n'aboutira à rien.

Tube: *(se servir d'un –)* vous regrettez votre enfance.

Tubercule: vous rencontrerez une personne inintéressante.

Tuer: *(des malfaiteurs)* vous craignez quelqu'un et essayez de le fuir;
(des personnes importantes) défaite certaine;
(des femmes) vous n'êtes pas content de vous-même;
(des enfants) accroissement de responsabilités;
(sa mère) vous craignez que vos affaires ne s'effondrent;
(son père) un danger imminent vous menace;
(son mari) vous êtes dans l'incertitude et redoutez le pire;
(sa femme) vos rentrées d'argent vont diminuer;
(des oiseaux) vous détestez les femmes;
(des mouches) essayez de lutter contre votre paresse;
(des abeilles) vous ferez taire les gens qui disent du mal de vous dans votre dos;
(des serpents) vous l'emporterez sur tous vos ennemis;
(quelqu'un involontairement) signe d'inquiétude, de dépression;
(voir quelqu'un se faire –) attendez-vous à recevoir de bonnes nouvelles d'ici peu de temps.

Tuiles: *(sur le toit) (en bon état)* vous allez enfin vivre dans le calme;
(en mauvais état) lourdes difficultés financières.

Tuméfié: *(être –)* vous voyez le mal là où il n'est pas.

Tumeur: *(avoir une –)* vous avez du mal à mener vos projets à bien; troubles psychologiques.

Turban: *(porter un –)* votre carrière s'annonce bien; promotion en perspective.

Turbine: escroqueries mal préparées.

Turgescent: *(bourgeon)* tentation à éviter.

Turquoise: *(couleur)* désir de paix.

Tutelle: *(être sous –)* vous voudriez vous décharger de vos obligations.

Tuteur: *(être –)* altruisme, grande disponibilité d'esprit.

Typhon: bouleversement de votre vie familiale, déplacements.

Typhus: *(avoir le –)* vous craignez de ne pas être à la hauteur de la situation.

Typographie: *(se trouver dans une –)* vous êtes maniaque de l'ordre et attachez beaucoup d'importance aux apparences.

Tyran: *(tuer un –)* vous échapperez à un danger de justesse.

U

Ulcère: *(avoir un –)* difficultés financières.

Uniforme: *(porter un –)* tout vous réussit, aussi bien en amour que dans votre travail;
(acheter un –) vous aimez l'ordre.

Union: *(avec quelqu'un)* embêtements, craintes.

Uriner: *(dans un lieu public)* désordre, fautes inavouées;
(chez soi) bonne santé.

Usine: *(être dans une –)* vos projets sont irréalisables.

Ustensiles: *(de ménage)* vos achats sont futiles;
(de cuisine) vous aurez des ennuis familiaux;
(de jardinage) santé, prospérité, bonne entente familiale;
(de toilette) vous devrez faire de gros efforts pour arriver à votre but.

Usurper: *(quelque chose)* violence, tromperies.

Utérus: *(maternel) (se trouver dans l'–)* vous voulez ignorer vos problèmes.

Utiliser: *(quelque chose)* vous avez de grandes ressources intellectuelles et matérielles.

V

Vacarme: propositions amoureuses rejetées.

Vache: fécondité;
(voir une –) vos petits travaux ne vous rapportent pas grand-chose.

Vagabond: *(être un –)* vous manquez d'affection.

Vagabonder: vous voudriez sortir de votre solitude.

Vagin: union prochaine.

Vagissements: *(d'un nouveau-né)* ennuis en vue.

Vagues: *(nager dans les –)* désirs charnels réprimés, frustrations des sens;
(être au-dessus des –) rentrée d'argent inattendue.

Vaincre: triomphe sur vous-même.

Vaisseau: *(voir un –)* projet de déménagement.

Vaisselle: *(faire la –)* mariage ou union sentimentale assombrie par des incompréhensions réciproques.

Valises: *(faire ses –)* votre plan est bien conçu.

Vallée: *(se trouver dans une –)* insouciance, aisance matérielle.

Vampire: *(qui vous suce le sang)* une personne qui était de votre bord vous met des bâtons dans les roues;
(être un –) perfidie dissimulée.

Vaniteux: *(être –)* abandon, mélancolie.

Vapeur: *(d'eau)* vous devrez tirer une affaire au clair.

Varices: *(avoir des –)* vous vous disputerez avec vos frères qui vous donneront tort.

Variole: *(avoir la –)* votre esprit est troublé.

Vase: *(de grande taille)* bénéfices, rentrées d'argent; *(de petite taille)* joie de courte durée; *(contenant des fleurs)* bavardages sans conséquences d'une femme.

Vaurien: vous cachez mal votre jeu.

Vautour: *(qui se jette sur sa proie)* échec d'une mission; *(en vol)* une personne d'âge mûr vous désire; *(tué)* vous charmerez une personne importante.

Veau: *(dans un pré)* projets en cours d'élaboration.

Végétaux: *(manger des –)* vos efforts ne seront pas récompensés comme ils devraient l'être.

Véhicule: *(être dans un –)* votre vie est intense, mais vos préoccupations sont nombreuses.

Veiller: *(un mort)* vous regrettez de vous être mal comporté.

Veines: *(coupées)* votre famille va se brouiller à la suite d'un malentendu lié à des questions d'argent.

Velours: vous avez des goûts de luxe qui sont au-dessus de vos moyens; *(noir)* un événement malheureux va vous faire beaucoup souffrir.

Vendanger: *(hors saison)* vous ne recevrez pas la réponse attendue dans les délais convenus; *(pendant la saison)* chance, réponses favorables.

Vendre: mauvais présage; affaires retardées.

Vendu: *(être –)* vous allez changer de position.

Venger (se): *(d'une humiliation)* vous êtes trop rancunier.

Vent: espoir de bonheur; *(fort)* symbole d'un homme violent et arrogant.

Vente aux enchères: vous jetterez votre argent par les fenêtres.

Ventre: *(en bonne santé)* enfants bien élevés; créditeurs indulgents;
(malade) préoccupations familiales;
(à l'air) vous craignez que l'on vous demande de rendre de l'argent qui vous a été prêté;
(blessé) maladie d'un parent, chute mortelle.

Ver à soie: méfiez-vous d'une personne hypocrite et sans vergogne.

Ver de terre: petits problèmes passagers.

Ver luisant: présage bénéfique pour les personnes pauvres; perte d'argent pour les commerçants.

Ver rongeur: on essaie d'empêcher votre mariage.

Ver solitaire: *(évacuer un –)* vous vous débarrasserez d'une personne qui vous exploite.

Verdict: *(donner un –)* vous savez mettre la chance de votre côté.

Vérité: *(dire la –)* vous aimeriez vous décharger d'un secret qui vous pèse sur la conscience.

Vérole: *(avoir la –)* calomnies déshonorantes.

Verre: *(avoir des dents en –)* mort violente;
(posséder des objets en –) rentrée massive d'argent;
(pour boire) (en cristal) un projet tombera à l'eau;
(rempli de vin) succès imprévu.

Verrou: vous souhaitez avoir un conjoint autoritaire.

Verrues: *(avoir des –)* vos ennuis vont se prolonger.

Vers: *(poésie) (lire des –)* amour de l'art;
(écrire des –) lâcheté et immaturité.

Versement: *(impayé)* pressentiment d'une perte d'argent.

Verser: *(un liquide)* gâchis d'énergie et d'argent.

Vertèbres: *(normales)* vous êtes conscient de votre destin; *(malades)* un chagrin d'amour vous empêche de vivre.

Veste: protection, décontraction.

Vêtements: *(blancs)* pressentiment de la mort d'un parent;
(rouges) vous vivez une période tumultueuse;
(violets) vous devez cultiver votre esprit;
(luxueux) la peur de ne pas plaire aux autres vous paralyse;
(d'enfant) vous souhaiteriez avoir moins de responsabilités;
(multicolores) votre adresse vous permet de réussir tout ce que vous entreprenez;
(étendre des –) sachez cacher votre jeu;
(coudre des –) projets d'avenir.

Vétéran: *(être un –)* vous avez confiance en l'avenir.

Vétérinaire: *(aller chez le –)* un ami fidèle a besoin de votre aide.

Veuf: *(être –)* votre moral est au plus bas;
(qui se repose) vos revenus vont s'accroître considérablement.

Veuve: *(être –)* vous manquez d'affection;
(voir une –) appel à l'aide;
(qui se repose) vous viendrez à bout de vos problèmes d'argent.

Vexer: *(quelqu'un)* vous avez refusé d'aider un ami.

Viande: *(manger de la –)* vos finances se portent bien.

Vicieux: *(être –)* vous voulez gagner de l'argent par tous les moyens.

Victoire: *(sur ses adversaires)* vous recevrez une réponse favorable.

Vider: *(un verre)* optimisme, sérénité;

(une maison) vous allez rompre avec le passé et c'est une bonne chose.

Vie: *(longue)* le destin vous est favorable;
(courte) maladie, problèmes pécuniaires.

Vieillard: difficultés, problèmes à résoudre.

Vieille: *(une – femme)* malheur, mort.

Vierge: *(épouser une femme –)* nouvelle initiative en vue;
(être une –) peur de l'imprévu;
(voir la Sainte –) vous êtes hanté par les remords.

Vieux garçon: *(être –)* pour un homme marié: perte d'argent due à des légèretés.

Vignobles: *(voir des –)* affaires prospères, rentrées d'argent.

Vigoureux: *(être –)* vous êtes en pleine forme, aussi bien physiquement que moralement.

Villa: *(voir une –)* votre bonheur n'est pas partagé;
(se trouver dans une –) votre bien-être relatif pourrait être amélioré si vous n'étiez pas si inconscient.

Vin: *(boire beaucoup de –)* disputes, bagarres;
(boire du – coupé d'eau) sagesse et bon sens;
(doux) paroles flatteuses.

Viol: *(assister à un –)* votre caractère agressif est très mal accepté par votre entourage.

Violer: *(la loi)* vous manquez de courage;
(une femme) troubles psychiques, déshonneur, ennuis.

Violettes: avantages considérables en perspective.

Violon: *(jouer du –)* chagrins d'amour.

Violoncelle: *(jouer du –)* entêtement, problèmes de famille.

Vipère: une femme riche vous prêtera de l'argent.

Virage: *(faire un –)* vos projets de travail vont connaître un contretemps.

Vis: augmentation de vos revenus.
Visage: *(déformé)* embrouilles, retards, peines;
(beau) vos projets se dérouleront parfaitement;
(se laver le –) adultère;
(voir son –) (embelli) vous vivrez longtemps;
(enlaidi) vous traversez une période précaire;
(blessé) vous connaîtrez le déshonneur et la maladie.
Vision: *(avoir une –)* vos espoirs seront déçus.
Visiter: *(un endroit)* vous manquez d'esprit d'initiative et de persévérance.
Vivier: *(se trouver dans un –)* entourage hostile.
Vœu: *(faire un –)* vous vous disputerez avec un ami.
Voile: *(de mariée)* la maladie de votre fille vous préoccupe;
(de bateau) brillantes innovations.
Voix: *(haute)* vous vous sentez coupable;
(basse) vous vous faites des illusions.
Vol: *(subir un –)* tenez à l'œil une femme blonde qui essaiera de vous doubler.
Vol d'oiseaux: plusieurs femmes vous calomnieront.
Volcan: *(voir un –)* vous rencontrerez un personnage puissant avec lequel vous devrez vous montrer habile et diplomate.
Voler: *(dans le ciel)* vous aspirez à vous enrichir et à faire des rencontres amoureuses;
(en position debout) changement en vue;
(avec des ailes) bon signe; liberté d'action, richesse, carrière brillante;
(sans ailes, très loin de la terre) troubles spirituels;
(avec des oiseaux) un adultère sera dévoilé en public;
(sur les toits d'une ville) signe de folie;
(en ayant l'esprit serein) vos projets se réaliseront;

(la tête tournée vers la terre) grand malheur, mort probable;
(dans un moyen de transport) pour les malades: aggravation de votre état de santé; pour les autres: vous ferez un voyage tout seul.

Voler: *(dérober)* procès, ennuis judiciaires; présage favorable uniquement pour ceux qui veulent entreprendre des escroqueries financières.

Volets: *(fermer des –)* besoin de réflexion.

Voleur: *(tomber sur un –)* peur de perdre la personne aimée.

Voltiger: le péril vous guette.

Volupté: *(éprouver de la –)* problèmes sexuels.

Vomir: pour un pauvre: avantages, gains; pour un riche: perte d'argent.

Voyage: *(faire un –) (long)* vos difficultés vont se prolonger;
(court) vous arriverez à résoudre vos problèmes.

Voyager: *(en bateau)* déplacement ou déménagement;
(en train) vous n'êtes pas maître de votre avenir;
(en voiture) vous devrez vous montrer courageux et assumer vos responsabilités;
(à pied) situation calme et stable.

Voyante: *(consulter une –)* une personne essaie de vous tromper en vous flattant.

Vue: *(avoir une bonne –)* bon signe, constance, réussite, santé;
(avoir une mauvaise –) inactivité forcée.

Vulgaire: *(être –)* déshonneur public, procès.

W-Y-Z

Wagon: *(monter dans un –)* changement de parcours; *(voir un –)* vous rencontrerez un homme qui aura une grande influence sur vous.

Yacht: *(voir un –)* désir d'évasion, de vacances; *(posséder un –)* vous n'avez aucun problème pécuniaire.

Yaourt: *(manger du –)* un ami très cher vous aidera à oublier vos soucis.

Yeux: *(normaux)* bon présage; rentrées d'argent; *(myopes)* problèmes financiers, manque de travail; *(aveugles)* mort d'un parent proche; bon signe pour les hommes de lettres et les personnes endettées; *(avoir plus de deux –)* mariage réussi, nombreux enfants; pour une femme: nombreux amants passagers, scandale;
(qui louchent) graves troubles de la vue.
(ne pas arriver à les ouvrir) amour passionnel.

Zèbre: vous devez surveiller votre vue;

(le voir) il vous faudra faire face à d'énormes difficultés, mais vous arriverez à les vaincre.

Zélé: *(être –)* vous vous disputerez avec vos proches.

Zibeline: *(avoir un manteau de –)* mauvais présage, scandale en perspective.

Zizanie: *(semer la –)* vous devriez faire plus de sport, car vous ne tenez pas en place.

Zoo: *(visiter un –)* vous l'emporterez sur vos adversaires; agissez en toute tranquillité.

Zozoter: vous n'avez pas assez confiance en vous.

Table des matières

Achevé d'imprimer en avril 2001
à Santa Perpètua de Mogoda (Barcelone), Espagne,
sur les presses de A&M Gràfic, S. L.

Dépôt légal : avril 2001
Numéro d'éditeur : 6991